新版 雅俗文

化 書 系

樸初題

天地有大美而不言，寓诸万物；
万物有大美而不语，得之在人。
无论汉鼎周彝、魏碑晋字，还是甲骨玉贝、
竹木牙角；既有黄绢故纸的濡染，
也有青瓷碧玉的赏心；
甚至铜滓铁锈的震撼，
以及佳构珍玩的愉悦……
藏品世界，包罗万象，
万物之美，尽在其中。
收藏千古历史，品味天地造化，
开阔你我眼界，滋养人类心灵。

收藏文化

新版
雅俗文化书系
过常宝 主编
高建文 刘礼 著

中国经济出版社
CHINA ECONOMIC PUBLISHING HOUSE

·北京·

图书在版编目（CIP）数据

收藏文化／过常宝主编．--北京：中国经济出版社，2011.1（2023.8重印）
（新版“雅俗文化书系”）
ISBN 978-7-5136-0070-5

Ⅰ.①收… Ⅱ.①过… Ⅲ.①收藏-文化-中国-通俗读物 Ⅳ.①G894-49

中国版本图书馆 CIP 数据核字（2010）第 140476 号

策划编辑 崔姜薇
责任编辑 葛 晶
责任印制 马小宾
封面设计 任燕飞装帧设计工作室

出版发行 中国经济出版社
印 刷 者 三河市同力彩印有限公司
经 销 者 各地新华书店
开 本 880mm×1230mm 1/32
印 张 6.75
字 数 150千字
版 次 2011年5月第1版
印 次 2023年8月第2次
定 价 39.80元
广告经营许可证 京西工商广字第8179号

中国经济出版社 **网址** www.economyph.com **社址** 北京市东城区安定门外大街58号 **邮编** 100011
本版图书如存在印装质量问题，请与本社销售中心联系调换（联系电话：010-57512564）

编　委　页

序一　季羡林序

(第一版“雅俗文化书系”序)

在中国,对于文化艺术,包括音乐、绘画、书法、舞蹈、歌唱,甚至衣、食、住、行,园林布置,居室装修,言谈举止,应对进退等方面,都有所谓雅俗之分。

什么叫“雅”? 什么叫“俗”? 大家一听就明白,但可惜的是,一问就糊涂。用简明扼要的语句,来说明二者的差别,还真不容易。我想借用当今国际上流行的模糊学的概念说,雅俗之间的界限是十分模糊的,往往是你中有我,我中有你,绝非楚河汉界,畛域分明。

说雅说俗,好像隐含着一种评价。雅,好像是高一等的,所谓“阳春白雪”者就是。俗,好像是低一等的,所谓“下里巴人”者就是。然而高一等的“国中属而和者不过数十人”,而低一等的“国中属而和者数千人”。究竟是谁高谁低呢？评价用什么来做标准呢？

目前，我国的文学界和艺术界正在起劲地张扬严肃文学和严肃音乐与歌唱，而对它们的对立面俗文学和流行音乐与歌唱则不免有点贬义。这种努力是无可厚非的，是有其意义的。俗文学和流行的音乐与歌唱中确实有一些内容不健康的东西。但是其中也确实有一些能对读者和听众提供美的享受的东西，不能一笔抹杀，一棍子打死。

我个人认为，不管是严肃的文学和音乐与歌唱，还是俗文学和流行音乐与歌唱，所谓雅与俗都只是手段，而不是目的。其目的只能是：能在美的享受中，在潜移默化中，提高人们的精神境界，净化人们的心灵，健全人们的心理素质，促使人们向前看，向上看，向未来看，让人们热爱祖国，热爱社会主义，热爱人类，愿意为实现人类的大同之域的理想而尽上自己的力量。

我想，我们这一套书系的目的就是这样，故乐而为之作序。

季羡林

1994年6月22日

序二　新版“雅俗文化书系”序

人的行为、意识、关系，人所面对的制度、风俗、物质等，都是文化。对于芸芸众生来说，文化与生俱来，人人都不能离开文化而生存。

古人说“物相杂，故曰文”(《周易·系辞下》)，又说“五色成文而不乱”(《礼记·乐记》)，所以，“文”就是多种色泽的搭配，它比自然状态有序而且更好看。圣人以此“化”人，就是要将人从蒙昧自然状态中改造过来，成为知廉耻、懂辞让、有礼仪的人。

现代人自我意识增强，就不这么看了。梁启超说：“文化者，人类心能所开释出来之有价值的共业也。”(《什么是文化》)就是说，文化是人类集体内在的灵性和智慧之花，这些花朵被普遍认可，并且形成一道道风景：道德、艺术、政治形态等。

这两种说法都有道理:先知先觉的天才们,引领着文化的方向;而我们每一个人,也都参与了文化的创造和延续。如此,文化才成其为文化。

政治、经济、伦理、哲学、学术、文学、艺术等,与意识形态和价值有关,有着官方色彩,可以称之为主流文化。而以社会生活为中心,如家庭、行业、风俗、技艺、生活行为等,以及一部分游离在社会法律和制度之外的行为,如绿林、帮会、寺庙、赌博等,则可称之为非主流文化或次生文化。

由于今天的"非主流文化"有"反主流文化"的意思,为了避免歧义,我们也可以直接地将这一部分内容称为生活文化和世俗文化。

主流文化对社会的发展至关重要,是精英们的舞台,他们以及他们精美的创造,为我们的社会树立了目标和尺度。但是,与我们每个人生活相关的,却是生活文化和世俗文化。生老病死、衣食住行、百般生业、游观娱乐、江湖绿林、方士游医、沿街托钵、鸡鸣狗盗……正是这一切,构成了日常生活的文化图景。

本书系关注社会生活,关注这五光十色的世俗图景,并希望能够完整地将它们勾勒出来。我们相信,这一幅幅的生活情态、世俗图景,甚至比那些彩衣飘飘、粉墨登场的角儿、腕儿,更加真实,也更有风采。

以"雅俗文化"为名,是为了显示我们对趣味的偏爱,并以此来区分于主流文化典正的姿态和庄严的价值观。其实在生活中是无所谓雅和俗的，弹琴虽然需要更多的教养，赌博对有些人来说似乎天生就会，但作为技艺，两者真有高下的差别吗？何况庄子说一切都与道相通，什么都可以玩出境界来。古人不是常拿厨艺说政治，并且还真有好厨师成了政治家的例子吗？所谓“雅俗文化”，不过是遵从习惯的说法，并没有价值高下的意思。

日常生活及世俗图景都是文化，但文化毕竟具有建构性特点。换句话说，那些散乱的现象、意识、习惯等，只有被理解了，才具有意义，才能成为文化。我们编纂这套书系的目的，就是帮助人们理解日常生活和生活传统，从而能真正地从生活中体会到意义和趣味，增加人生的内涵。

我们期望编撰一套集知识性、趣味性甚至实用性为一体的文化丛书。它虽然不是学术著作，但就某一类别文化而言，应该有着系统的、可靠的知识，应该充分揭示出它的精神和境界，并融贯在对各种精彩文化现象的描述之中，使之真正贴近生活、提升生活，成为一道道能够颐养性情、雅俗共赏的精美的文化大餐。

过常宝

2011年3月

前言　盛世说收藏

收藏在中国有着悠久的历史，不仅流传下来的关于收藏的故事车载斗量，而且很早就已经形成了专门的文化，这就是我们所说的“收藏文化”。

都说“盛世收藏”，大致说来，中国历史上比较大的收藏热潮大约有五次：第一次出现在北宋，宋徽宗时期达到顶峰；第二次是在晚明；第三次在康熙、雍正、乾隆三朝，也就是所谓的“康乾盛世”，乾隆时最盛；第四次在清末到新中国成立近百年间；第五次是在改革开放之后。五次中除第四次外，余下的四次都发生在经济比较繁荣的“盛世”。

宋代发生的第一次收藏热潮主要是因为皇帝的爱好和提倡，这方面以宋徽宗最有代表性。他在位期间不仅在制度和机构上鼓励书画收藏和艺术人才的培养，而且亲力亲为，创作了不少极具艺术价值的书画作品，还编定了《宣和书谱》《宣和画谱》等收藏鉴赏类专著。

“上有所好，下必甚焉”，在皇帝的倡导下，北宋官员和文人也群起效法，出现了一大批收藏方面的专家。不仅如此，苏轼等收藏名家如“烟云过眼”的潇洒旷达的收藏态度，也成为后世收藏家追求的境界。

当然，宋代收藏热潮出现的更为根本的原因，是商品经济的发展和文化上文人品格的形成，这也正是汉、唐虽然出现盛世，但是并未形成大规模收藏热潮的根本原因。

明代商品经济更为发达，有了经济做基础，文化也更加繁荣，《三国演义》《西游记》《水浒传》《金瓶梅》等“四大奇书”和“三言二拍”，以及戏剧传奇等娱乐性质的俗文学作品都出现在这个时候。收藏事业也是如此，紫砂、螺钿、玉器、墨等都有各自的“名牌”；有的“名牌”如“张鸣岐”手炉，就已经不再局限于一个工匠的产品，而是一个“厂家”出产的产品所共同拥有的“品牌”了。

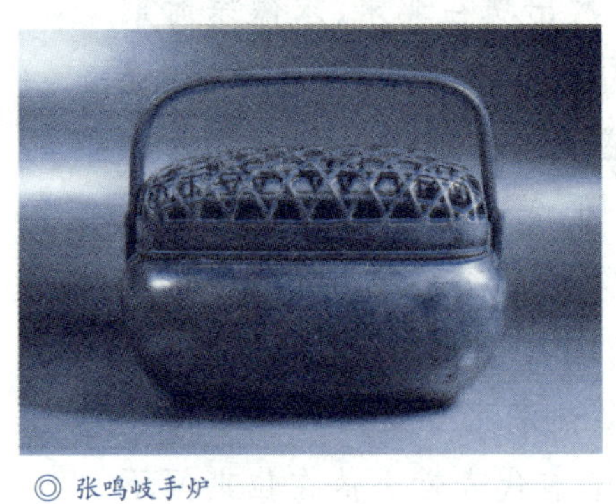

◎ 张鸣岐手炉

“康乾盛世”时出现的收藏热潮跟宋代的情况差不多。雍正皇帝非常勤勉，称得上日理万机，他很善于通过各种业余活动来缓解工作压力，收藏就是他的一种“业余活动”。虽然说是“业余”，玩得多了，自然也就“专业”起来。雍正在器物设计制作方面非常内行，他给工匠们提出的修改意见中有的很有见地；不仅如此，从雍正的朱批奏折看来，他的书法尤其是行书水平很高，挥洒由性，潇洒飘逸，颇有晋人风韵，超过乾隆。

乾隆对待收藏就不像他的父亲那样仅作为缓解压力的手段。他是个标准的“顽主”，在收藏上下的工夫不比宋徽宗少。不同的是，乾隆玩物还不至于丧志，这一点他比宋徽宗强。

清末到新中国成立这段时期情况比较特殊，战乱频繁，民不聊生。但为什么这样一个乱世还能形成收藏热潮呢？首先，虽然当时民不聊生，但是官僚、资本家等有权有势的人经济上还是很宽裕的，而且乱世收藏常常是不择手段：贿赂、偷盗、坑蒙拐骗、明抢暗夺，甚至盗掘皇陵……种种不合法的手段都是“合法”的。还有就是外国的掠夺，近百年间，我国流失国外的文物不计其数，令人痛心。

◎ 雍正帝朱批奏折

正因如此，这个时期也出现了一大批收藏名家，如清末曾任两江总督的端方，以甲骨收藏和研究闻名的“甲骨四堂”——罗振玉、王国维、董作宾和郭沫若，出身贵胄的“民国四公子”——张学良、张伯驹、溥侗和袁世凯的次子袁寒云。

我们可以发现，收藏热潮的出现往往需要两个条件：一个是商品经济的繁荣，一个是官方的提倡。

新时期收藏热潮的出现也具备了这两个条件，但呈现出与以往不同的风貌：规模空前扩大。资料显示，我国从事收藏行业的人数已经达到七千万；市场经济也推动了收藏事业的市场化和法治化趋势。简而言之，今天的收藏已不再仅仅是一种个人的兴趣爱好，而是一种公共行为，是市场经济的重要组成部分了。

新版 雅俗文化书系

收藏文化

目 录

第一章

收藏的开端

第一节 好古敏求在方寸，烟云过眼看收藏
——收藏概说

什么是收藏？收藏就是藏家在各种动机的促使下，把他认为有收藏价值的藏品进行收集、整理、保护和赏玩。

藏家与收藏动机

所谓“藏家”，就是收藏藏品的主体。这个主体不仅指个人，还包括从事收藏的官方或非官方组织。作为个人的藏家我们都很熟悉，他们从数量上占了收藏主体的大部分；作为官方组织的收藏主体占的比重也不小，比如博物馆、图书馆、名人故居（有的名人故居属私人财产）等等；作为非官方组织的收藏主体也不可忽视，如书画、摄影协会等民间组织；甚至一些宗教场所，如寺庙等供奉宗教圣物的行为，也可以看作是一种收藏。

官方收藏出现的时间比较早，最典型的例子就是官方对书籍、金宝玉器、祭器、兵器等物品的收藏。这么推算起来，人类的收藏活动几乎与人类文明的产生一样早了。私人收藏出现的时间要晚一些，而且在早期收藏史中，与官方收藏相比规模上也显得单薄。早期的私人收藏在藏品种类上跟官方也差不多——主要是书籍、金宝玉器等比较贵重的东西。而且这

些所谓的“私人”也多是达官贵人，这就使他们的收藏也带有半官方的性质。

现代意义上私人收藏的兴起与商业的发展是分不开的。隋唐时期社会比较稳定，经济上比较繁荣，商业也有了很大的发展。唐代长安城就专门设有“市”区，“市”就是专门进行商品买卖的市场。据史料记载，当时的市场上已经出现了书画和古玩买卖，这说明民间收藏已经出现，并有了一定的规模。其实这种收藏风尚，跟统治者的雅好也有直接的关系，唐玄宗时甚至还出现了专门为宫廷收集书画和文物的商人。

私人收藏的真正兴起，还是在北宋的时候。北宋时商品经济发展程度已经远远超过了唐朝，这一点在城市布局上就能看出来：唐代城市分为“坊”（居住区）和“市”，但两者是分开的，而且到了晚上还要“宵禁”，“坊”区要被关闭；宋朝就不这样了，不但“坊”“市”杂处，而且取消宵禁，市场中买卖书画文物的地方就更多了。

◎ 潘家园

王国维在《宋代之金石学》中提到，宋代政和年间，皇宫大内藏有各种文物超过六千件；到了宣和之后，文物数量就突破万件了。他还说，当时皇家收藏文物的风气是受了民间影响的，在民间这种收藏之风更盛，虽然单人收藏不如清代丰富，但是收藏家的数量却超过了清代。不仅如此，宋代很多收藏家为了购得一件器物，甚至不惜花费千金。这时候的收藏家最著名的莫过于李清照的丈夫赵明诚，赵明诚的收藏事迹我们在后面还有介绍，这里就不多说了。

到了清代,民间收藏进入成熟阶段,其标志就是专业的文物交易市场的出现。

那么,藏家们是出于一种什么样的心态和动机来从事收藏的呢?无外乎如下几种——

作为官方组织的藏家,他们进行收藏是出于对国家和民族文化负责的态度。他们收集藏品更多看重的是藏品的历史、文化、审美等方面的价值,以及这些价值在国家和民族文化中的地位和对子孙后代的意义。简单地说,官方的收藏是为了保护。

民间组织收藏和私人收藏的动机差不多,无外乎两种心态:好奇和自娱。

俗话说,“好奇之心,人皆有之”,藏家面对一件藏品,不可避免地会产生很多问题。他们为了解答心中的疑问,就不断地收集同类藏品。随着收藏活动的深入,他们对这类藏品的了解也就越来越多,心中的疑问也就不断地被解答,同时新的疑问又会不断地产生。这种不断地产生疑问、解答疑问的过程会极大地满足藏家的求知欲。当然,这种求知欲的产生,来自兴趣。藏家往往都是先对某类藏品发生兴趣,渐渐地才会想去了解它们。所以在一般情况下,爱好收藏某一类藏品的人,往往也就是对这类藏品了解最多的行家。

◎ 把玩核桃

再就是自娱心态。很多藏家收藏都是为了“玩”,把收藏当成一种娱乐。有的藏家收藏到一定程度后,会把自己费尽心血淘换来的宝贝捐献出去,然后从头做起；还有的人喜欢收藏核桃、铁球等小玩物，整天拿在手里把玩……这都是一种自娱心态，也是一种“风雅”。

当然，也不排除那些希望通过收藏来发财致富，或是通过收藏来显示自己高雅的功利心态。功利之心人人都有，收藏家也是人，不可避免地有点功利心，这些都无可厚非。但是，单纯抱着功利的目的来收藏的话，严格地说都不能算是收藏。

现在，收藏事业逐渐步入现代化阶段，现代化也意味着市场化、法治化、规范化和公共化，这就对藏家的品位和素养提出了更高的要求。不造假卖假藏假、不从事非法收藏，是对现代藏家最基本的要求。

现在，很多有影响力的大收藏家都意识到，收藏不仅仅是一种个人的行为，更是一种公共行为；收藏不仅仅是藏家的权利，更意味着他对公众、对社会的责任和义务。因此，很多藏家自发地形成组织，以便更好地保护和促进收藏事业，乃至全民族、全人类的文化的发展。

藏品与收藏价值

在收藏的世界里，藏品种类之丰富让人瞠目结舌：大到飞机、汽车、军舰，小到邮票、烟盒、火柴盒；贵重的如周彝汉鼎，便宜的如沙子石块；高雅的如文玩、字画，通俗的如故事、谜语……数不胜数。有报道称，现在居然连鸟类的声音、人的指纹，甚至梦境等都有人收藏。

在收藏界，人们根据藏品的价值和性价比，给藏品冠以不同的名字，比如“新货”就是指价值不高的藏品或赝品；“俏货”就是指性价比较高的藏品；“宝”既是一般收藏品的统称，更是指那些收藏价值比较高的藏品；而“虫儿”则是指藏家收藏的压箱底的极品……

那么,我们如何来判断一件藏品是否有收藏价值,其价值的大小又如何呢?

一是"美",也就是要求藏品能带给人们美的享受,满足人们的审美需求;二是"真",就是要求藏品是真品,而不是赝品或次品,真品所蕴含的文化气质是它所处时代精神的缩影;三是"稀",物以稀为贵,存世数量越少的藏品,其收藏价值往往就越大。为什么古人的字画通常比现代存世的书画家的作品要值钱呢?归根结底其实就是一个"稀"字——古代的东西跟古代的历史一样,是不可再生的,毁一件就少一件,不会再有了;再就是年代久远,这主要是针对文物类藏品说的。

在藏家的眼里,藏品绝不仅仅是一件物品,而是鲜活的、有生命的,年代越久,里面藏的故事就越多,文化底蕴就越深厚,收藏价值也就越大;还有就是藏品本身是昂贵的,最常见的例子就是金宝玉器。即使不是藏品,从材质来说,它们都是昂贵的。当然,它们的市场价值不等于收藏价值——后者往往要大得多。在藏家眼里,藏品的材质不是最重要的,最重要的还是收藏之趣。

其实,"美""真""稀"并不是判断藏品收藏价值的硬指标。因为这些标准本身就是不确定的——它们既受时代风尚的影响,更取决于藏家的口味。换句话说,收藏价值是一个见仁见智的问题,每一个藏家都认为自己的藏品是有收藏价值的,但换作别人,未必也这么看。所以,我们判断一件藏品有没有收藏价值、价值多大,还是要综合各种因素,具体问题具体分析。

收藏行为

收藏，藏家也称为“玩”。把收藏称为“玩”，实际上说明了一种收藏的目的和心态——娱乐。的确，“把玩”正是传统收藏的主要目的。

“把玩”是一种欣赏，是收藏行为的一部分。我们经常会看到一些藏家随身携带自己得意的藏品，时不时地拿出来把玩一阵子。他们相信，这些藏品都是有灵性的，经过长时间与人接触、磨合，它们就会被藏家的灵气所浸染，与藏家融为一体。所以，“把玩”既要用手，更需要用眼、用心。

其实，“把玩”只是收藏行为的一部分，它发生在藏家既已拥有了藏品之后。在这之前呢，还需要通过各种途径和方式来收集藏品。收集藏品的行为根据藏家身份的不同，可以分为官方收集和民间私人收集两种。官方的收集后面我们会专门举例介绍，这里我们主要介绍一下民间私人收集藏品的几种主要途径。

首先是买卖。藏品买卖在隋唐的时候就有了，但是多数是私下里交易，不成规模。到了清代，面向全国的专业性的藏品买卖市场出现了，北京著名的琉璃厂、潘家园就是这样的市场。有了这样的市场做平台，藏家们淘换藏品就方便多了。

馈赠也是藏品集散流通的一种重要形式。这种馈赠有藏家之间私下的馈赠，也有藏家对某收藏组织的捐赠。

春秋时候，吴国有位贤公子叫季札，他是吴王夫差的叔祖。有一次他出使鲁国，途经徐国。徐国国君对他盛情款待，席间季札发现徐君很喜欢自己的宝剑，但是不好意思说，季札也就不好主动赠送。后来季札出使鲁国回来，又经过徐国，就打算趁机把宝剑赠给徐君，但不巧徐君刚刚去世。季札就把剑解下来，挂在了徐君的墓上。徐国群臣不解其意，季札就解释了一下事情的经过，并说，“我当时心里已经许诺了他，尽管他现在不在了，我也不能对自己失信。”

这就是“季札挂剑”的故事。这个故事也说明，藏家之间的互相馈赠，多是出于惺惺相惜的君子交情。另外还有藏家对收藏组织的捐赠，例子有很多，在现代社会中尤为如此。

◎ 季札像

还有一种就是征献。征献包括两个意思：一个是“征集”，一个是“进献”。通常情况下，“征集”和“进献”是前因后果的关系。“征集”多由官方藏家发起，因为征集是要有一定的权力或财力做后盾的，一般私人藏家可没有这种能力。“征集”通知发起后，四方藏家或出于自愿或迫于压力，就会向征集者“进献”他们想要的东西。

上面说的几种流通途径都是合理合法的，是盛世收藏的主要途径；还有一些情况是无理非法的，比如抢掠和偷盗，这些现象多发生于乱世。

提到对藏品尤其是文物的抢掠，恐怕大家首先想到的就是近代外国侵略者对中国的罪行，这不仅对收藏家来说是椎心之痛，对所有中国人来说都是奇耻大辱。其实抢掠文物的事不仅在战争年代、国家之间会发生，而且在和平年代、国家内部也时有发生。明清笔记记载了下面这个著名的例子——

明代大奸臣严嵩的儿子严世蕃喜欢收藏古玩字画，他听说太仓王忬家里藏有宋代著名画家张择端的《清明上河图》，就强行向王家索要。王忬不敢得罪严世蕃，又不舍得献画，就请人临摹了一幅画给严世蕃交差。哪知这件事被严世蕃手下的一个裱褙匠告发，严世蕃怀恨在心，就和其父严嵩一同把王忬陷害致死，谋夺了《清明上河图》。

还有人用偷盗的方式收集藏品，这方面的例子也不少。最有名的是西晋虞喜的《志林》中记载的一件事——

◎ 钟繇像

三国著名书法家钟繇痴迷书法，有一次他在书法家韦诞那里看到了东汉书法家蔡邕著的书法秘诀，就向韦诞求要。韦诞也爱书如命，当然不给。钟繇求而不得，顿足捶胸，哭闹了三天，胸膛都捶青了，呕血不止。还好曹操给了他一些丹药，才救了他的命。后来韦诞死了，钟繇就派人偷偷挖开韦诞的墓，偷出书来。

这件事未必是真，但也绝非毫无根据。后人谈到这件事，更多的是对钟繇的雅好表示欣赏。钟繇的做法固然可爱，但实在不值得提倡。

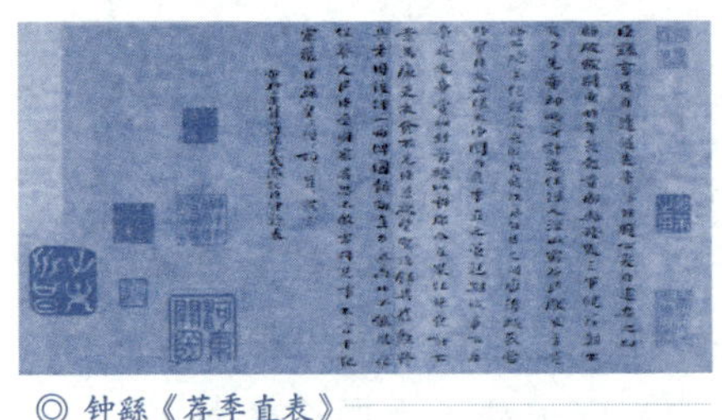
◎ 钟繇《荐季直表》

至于那些为了获取财富而不惜盗窃、破坏民族文化遗产的诸如“东陵大盗”孙殿英之流，更应该为人们所唾弃，为社会、法律所不容。

收藏的历史源远流长，已经成为一种独特的文化现象。不但有数量庞大的以收藏为职业的从业者，有自己的行业规范和专门的交流平台，更形成了丰富系统的行业知识。总而言之，收藏文化已经成为社会文化重要的一支。

我们还应该看到，收藏文化发展到现代，不再仅仅是一种审美的、学术的文化，更是一种科技密集型的文化，一种开放性的市场经济文化，从法律上规范它、从体制上维护它、从舆论上监督它，都是十分必要的。

◎ 东陵大盗孙殿英

第二节 朝廷广开献书路，谒者求遍东西浙
——献书和献瑞

官方收藏可以利用官府的权力来控制藏品的集散，基本上每个朝代都有收藏和征集藏品的举动，随着朝代的更替和历史的延续，官方收藏也呈现出一条明显的脉络——对书籍的收藏和征集就是一个很好的例子。

书籍的征献

书籍是文化的载体，对书籍的收集、整理和印刷传播是政府文化建设的重要手段。因此，书籍收藏也就成了官方收藏的重头戏。自古至今，几乎历朝历代都进行过大规模征书、藏书的活动。

从目前我们掌握的材料来看，我国有文字记载的历史最晚也起于商代。商代除了甲骨文和金文之外，也有典册文献。《尚书》里说"惟殷先人，有典有册"，意思就是说商代自古就有典册文献，这些文献才是商代真正意义上的"书籍"。

从甲骨文的记载来看，里面确实有"典""册"二字。这两个字是象形字："册"是用一根绳子把竹木简片编连起来，"典"就是把"册"堆放在几案或架子上。这就说明商代除甲骨文外，还存在大量的典册书籍，而且这些书籍有专门的人和专门的地方保管收藏。

◎ 甲骨文

到了周代，人们更看重人事，也更理性，体现在图书收藏上，就是制度更加完备，图书管理人员的职责也更加明确和细致。

当时的图书主要由史官负责收藏管理。史官又分御史、天府、外史和小史等几种，分别有不同的职责。这里需要特别介绍的是外史和小史。

从前人的研究看，这两类史官在职责上有交叉点，那就是对"邦国之志""四方之志"的保管和收藏。何谓"邦国之志""四方之志"呢？周代实行分封制，整个国家由周王直接管辖的王畿和诸侯分管的诸侯国组成，这些诸侯国有一定的自主性，但都得受周王朝中央节制。"邦国之志""四方之志”就是诸侯国的国史，其中最著名的就是孔子编订的鲁国国史——《春秋》。

从《周礼》的记载来看，各诸侯国发生了大事，都需要向周朝中央汇报，由周史官整理好并收藏起来。周代的史官中最有名气的就属老子了，他就曾做过藏书官。由于接触了大量书籍，老子学问十分渊博，连孔子都要向他请教。

除去这些“志”类的文献，周代还设立了采诗官，专门负责收集各诸侯国包括王畿地区的民歌，通过这些民歌观察各地百姓的生活情况。五经之首的《诗经》中的诗歌就是这样收集整理而来的。据说到了孔子接手《诗经》编撰工作的时候，收集的诗歌已经超过三千首。后来经过孔子删定，才形成了我们今天所看到的《诗经》。

后来秦始皇统一天下，建立了秦朝。秦朝也专门设有收藏书籍的部门，叫作“石室”“金匮”；也有专门负责管理图书的官员，这些官员中职位最高的是“三公”之一的御史大夫。

秦统一六国后，就曾有过数次大规模的收集活动。其中最有名的有两件事，第一件是把各地所有的兵器收到中央销毁，铸造成十二个大铜人，防止各地人民再起叛乱；第二件是臭名昭著的“焚书”。

◎ 清代金匮
铜制之柜，古时用以收藏图书文献和文物。秦朝时借指收藏书籍的部门。

据记载，秦统一之后，博士淳于越等反对实行“郡县制”，主张复归周朝的“分封制”。丞相李斯坚决反对，认为他们是在以文乱法、借古非今，于是向秦始皇建议销毁百家之书，只留下秦史、占卜、司法、医药、种植等方面的书籍不烧。

这可以算是最早的政府主持的大规模的“征书”活动了，可惜征书的目的是销毁，以钳制人们的思想，而不是为了收藏传播。结果秦朝二世而亡，不仅焚书的目的没有达到，还留下了千载骂名。

两汉政府吸取秦亡教训，在书籍的收藏方面着实费了不少心血。

早在汉高祖刘邦打进咸阳的时候，萧何就曾专门对秦朝遗留的图书律令做了收集整理。汉朝建立后，身为丞相的萧何又主持建造了石渠阁，作为皇家图书馆。这时候，西汉政府也采取了一些措施收集图书，《诗》《书》等时有进献。不仅如此，张良、韩信等军事家还特地对之前的兵书作了编次整理，贡献颇大。

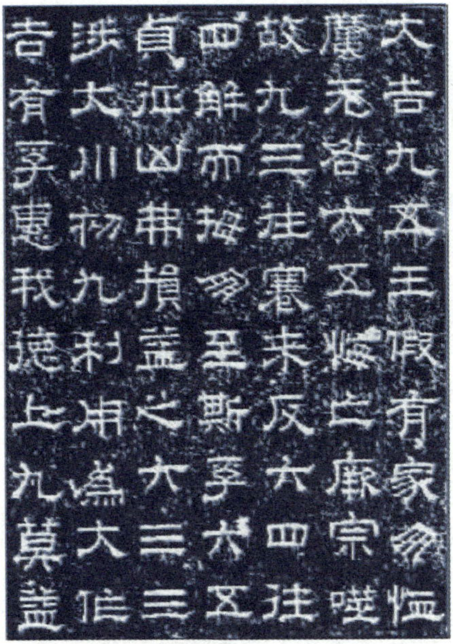

◎ 熹平石经（残片）

汉武帝的时候，儒术大兴，武帝让公孙弘主持，广开献书之路，取得了很大成绩，“百年之间，书积如山丘”。武帝还专门设立了延阁、广内、秘府等机构服务于收藏图书，一时之间，书籍收集整理之风蔚然兴起。

这种风尚一直为汉朝后来的统治者们所倡行。汉成帝就曾命陈农等求遗书于天下，又命刘向等人校勘皇家藏书。后来刘向把校勘的情况整理成《别录》，其子刘歆承袭父业，编成《七略》，它是我国最早的学术总结性著作。东汉的班固在此基础上写成了我国最早的目录学著作——《汉书·艺文志》。

经历王莽之乱后，东汉的统治者效法祖先，设立石室、兰台、东观、鸿都等藏书机构，以及校书郎、兰台令史等管理藏书的官职，对书籍进行了大规模的收集和整理。熹平四年，汉灵帝下诏，让儒生们校订五经，并用古文、篆书、隶书三种字体刻在石碑上，立于太学门外，这就是著名的熹平石经。

三国两晋南北朝时期，统治者们也很注意书籍的整理和收藏，但由于社会动荡，战乱不息，藏书事业破坏严重，得不偿失。隋朝建立后，两代皇帝在藏书方面下了很大的功夫，也取得了一些成绩。

唐代是继汉代之后的又一个盛世，这种繁荣昌盛的局面在藏书方面也得到了很好的体现。唐初在继承隋朝藏书的基础上，贞观年间唐太宗又下令面向天下收购图书，并从五品以上官员子弟中挑选擅长书法的人来抄写，最后将图书收藏到皇家图书馆里。

开元时期，唐朝国力进入鼎盛，藏书事业也达到顶峰。开元七年，唐玄宗下诏全国，无论官宦庶民，凡藏有奇书的一律借给官府抄录缮写。据此时成书的《古今书录》统计，当时官府藏书已经超过五万卷。

安史之乱爆发后，藏书事业遭受重创。战乱平息之后，在政府的努力下，藏书事业又慢慢恢复起来。这时候最值得称赞的一件大事，就是“开成石经”的刻制。

开成是唐文宗的年号。这部石经自文宗太和四年（公元830年）开始刻制，直到开成二年（公元837年）才完成，前后历时七年，共计六十五万字，全用楷书书写，用去石碑一百一十四块。这次刻写的内容是儒家的“十二经”，包括《易经》

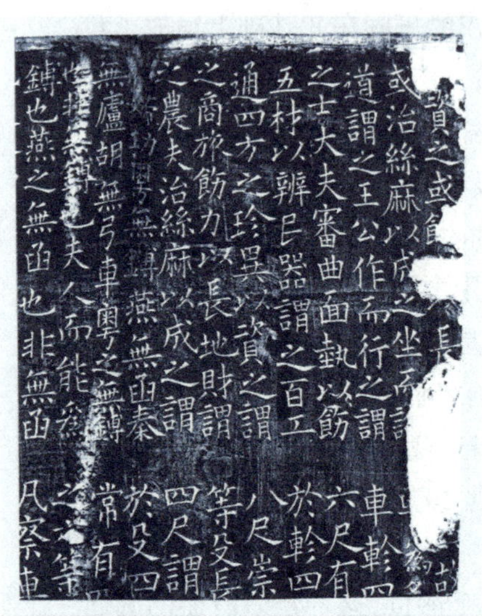
◎ 开成石经（局部）

《尚书》《诗经》《周礼》《仪礼》《礼记》《春秋左氏传》《春秋公羊传》《春秋谷梁传》《论语》《孝经》《尔雅》。后来，人们在这十二部经书之后又加上了《孟子》，这就是我们常说的儒家“十三经”。

北宋政权的建立起于一次武将兵变，就是历史上有名的“陈桥兵变”。因此，宋代对武将处处提防，而以文官治国，因此对文教的重视达到了前所未有的程度，藏书事业也随之大兴。

早在宋太祖赵匡胤时期，官府就建立了中央图书馆——崇文馆，后来为方便皇帝阅览，还别立“秘阁”，也就是皇帝私人的阅览室。除此之外，宫禁大内还设有太清楼和龙图阁，这两处地方也藏有大量书籍。我们熟悉的“包青天”包拯，就曾官拜龙图阁大学士。

除大量建设图书馆之外，北宋政府还采取了很多有利于图书收藏的政策，比如大量刊刻和传播书籍，允许民间教书讲学等等。这样，唐代时还十分稀少的“读书破万卷”的饱学之士，到了宋代已经比比皆是了。

此外，宋刊书籍的质量相当过硬，无论纸张、用墨、书法，都是如此，在图书收藏史上很有名气。后代藏书家莫不以藏得宋刊书为荣——这当然也与宋刊书数量稀少有关——清代著名藏书家陆心源建有“皕宋楼”，意思就是“藏有二百多种宋刊书的藏书楼”，言下不无自豪和夸耀之意，可见宋刊书之珍贵了。

明清是集中国古代文化之大成的时代，这种集大成的特点在藏书、编书方面也有体现。

明代藏书事业最大的成就，莫过于《永乐大典》的编纂与抄录了。

《永乐大典》原名《文献大成》，后来因为全书规模庞大，材料丰富，“著为奥典”，成书时遂定名为“永乐大典”，“永乐”是明成祖朱棣的年号。《永乐大典》汇集古代图书七八千种，全书约计三亿七千万字，共有近两万三千卷，仅目录就有六十卷之多，前后动员人力达数千人，历时六年方才编成，是我国历史上最大的一部类书。

◎《永乐大典》

何为“类书”？“类书”就是部分地摘抄群书内容，并加以分类编排，以供查阅的一种工具书。

《永乐大典》就是这样一部类书，它涉及的内容十分广泛，几乎囊括了当时能见到的所有书籍。这部书的编纂当然是和朝廷向民间征集图书的活动分不开的。

不仅如此，《永乐大典》的编纂和抄写十分精细，质量极高。据记载，当时参加编书的人员不但享受着国家提供的各种优厚待遇，还不必工作和上朝，专心致志地修书。当时还规定，每人每天写书仅限三页，不能多也不能少；每页纸上都要标记编书者的姓名，便于追究责任。

《永乐大典》的抄写，全部用的是当时的标准字体——台阁体楷书工工整整地抄写。从现存的《永乐大典》来看，纸张、墨色、书法俱是一流，全书连一点涂改勾画的痕迹都没有。由于它的编纂十分精致，以致有传闻说《永乐大典》是用金叶子写成的，当然这是无稽之谈了。

嘉靖年间，宫中发生大火灾，险些祸及《永乐大典》。珍爱《永乐大典》的嘉靖皇帝下令将《永乐大典》重录一份。重录的官员发现，由于《永乐大典》格式上十分规范、整齐划一，重录起来只能按原样复制，可见《永乐大典》质量之高。

重录《永乐大典》的时候，朝廷发给录书者的待遇和规定的抄书要求，与初编的时候一样。即使是重录，也整整花了六年的时间，直到穆宗隆庆年间才抄写完毕。我们目前看到的版本就是重录的。至于原本呢，清代的时候就见不到了。有人说毁于李自成起义，有人说被嘉靖皇帝当陪葬品带到永陵里去了……种种说法，都有待后人的考证。

到了清代，统治者们重视藏书的程度又超过了明代，最典型的事件就是乾隆时期大型工具书《四库全书》的编纂。我们在后面的章节会有介绍。

到了近现代，图书收藏空前兴盛。不仅全国各地、各单位都建有图书馆，而且图书馆的管理也更加现代化。科学技术的发展对书籍的收藏功不可没，缩微拍摄、光盘刻录、网络传播等各种手段都用于藏书，图书的收集、整理和查阅不再是难题。

官方藏书虽然有政权做后盾，但遇到战乱等灾祸，破坏起来也更加容易。因此，几乎历朝历代建立之始，都会有大规模征集图书的举动。相反地，民间藏书由于比较分散，流动性也好，而且越到后来，对藏书者的身份要求越低，这种分散和流动性也越好，图书受战乱灾祸影响的程度也就越低。

因此，每当官府藏书受到大规模破坏后重建的时候，民间藏书都会对它提供大力的支持。所以说，官府对图书的征集和民间向官府献书是一个行为的两个方面，两者区别就在于藏书者的身份地位不同。当然，这主要是就古代而言。

到了近现代，这种情况变得更加复杂了。由于封建帝制被推翻，官方和民间的关系也不再是“普天之下，莫非王土；率土之滨，莫非王臣”。民间藏书尤其是私人藏书成了私人财产不可侵犯的一部分，官方再也无权强制征集。

那么是不是说，民间献书的行为就绝迹了呢？当然不是。由于官方与民间、公共组织与个人之间变得更加民主，双方的关系反而更加亲密，再加上个人素质的不断提高，因此，民间、个人向官方、公共组织献书的事不但没少，反而更多了。

提到近代私人捐献图书，不得不提的两个先锋人物就是广东的“二梁”。一个是近代大藏书家梁鼎芬，另一个就是“戊戌变法”领导者之一的梁启超。

◎ 梁鼎芬

梁鼎芬，字星海，号节庵，广东番禺人。他一生嗜好藏书，收藏图书无数，私家建有藏书楼——葵霜阁。他收藏图书并不仅仅出于个人兴趣，更是为了“藏书为用”。他一生中曾多次向地方学校和官方图书馆捐书，1919 年去世的时候，更是把自己生平所有藏书悉数捐赠给广东省立图书馆。

◎ 梁启超

梁启超少时好学，爱书如命，他的藏书处叫“饮冰室”。和梁鼎芬一样，他去世的时候，把自己所有的藏书都捐给了北京图书馆。为了纪念他的义举，北京图书馆专门开辟一室，收藏他捐献的书籍。

他们被称为“近代首开献书之风”的人。

到了现当代，这种事就更多了。最著名的如郑振铎、季羡林等学者都曾有过向国家和学校捐赠书籍的善举。这种行为背后，更多的是他们对国家、对国家教育事业的关心和热爱。

四方献瑞

中国人重“吉祥”，逢年过节都要张灯结彩、准备吉祥物、说吉祥话，这种观念由来已久，而且在政治上的表现更明显。

早在上古的时候，人们相信，人事与天命是相连的。尤其是周代，人们认为人是上天的子民，天子就是周王，是上天授命来管理万民的。那么，上天怎么向人间传达意志呢？最主要的途径就是“祥瑞”和“灾异”。

如果天子管理人民管理得好，上天就会降下“祥瑞”来褒扬他;相反地,如果天子昏庸无道,人间的怨气就会上达天听,上天就会降下“灾异”来警告和惩罚他,这就叫“天视自我民视,天听自我民听”。如果天子的气数到了头,“灾异”就特别频繁;相反地,新的真命天子那里也会接二连三地接到“祥瑞”,这是天命降临的好兆头。

如雍正登基之时,民间就有传言说他篡改康熙遗诏,把“传位十四皇子”改成了“传位于四皇子”,他的皇位来得不明不白。当然这是传言,不足为信。康熙遗诏现藏于我国台北“故宫博物院”,并无篡改痕迹;而且清代遗诏都是汉满文各一件,纵使汉文诏书能篡改,满文诏书也无法篡改。

◎ 康熙遗诏

但是人言可畏、众口铄金,雍正对此事十分焦心。后来他想了个办法,就是用“祥瑞”来证明自己是天命所归:先是对“七星汇聚”的天象大肆炒作,后来每有祥瑞,就画影图形,昭告全国。

做臣下的心领神会,各地献来的“祥瑞”源源不断:黄河澄清、七星汇聚、祥云景星层出不穷。

现在故宫博物院还有一个雍正时的蓍草箱,这个东西就跟“祥瑞”有关:雍正元年,官员报称孝陵上长出六丛蓍草共三百茎,雍正听说

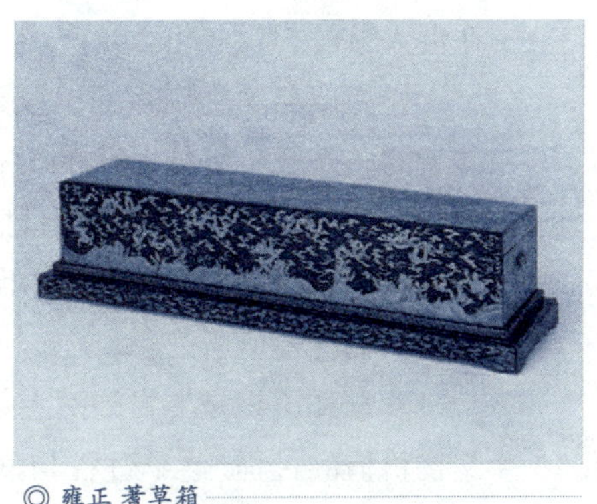
◎ 雍正 蓍草箱

后立即派人做了这个箱子,“敬谨储内”,郑重其事地把蓍草收藏起来。

由于祥瑞之事对政治斗争有重要意义,古人还专门从制度上对这些祥瑞做了规定。从祥瑞的程度上看,共划分为五级:龙凤麒麟之类的祥瑞为最高级,以下分别大瑞(星云气象等天文类)、上瑞(白狼、赤兔等走兽类)、中瑞(苍鸟、赤雁等鸟类)和下瑞(灵芝、嘉禾、连理枝等植物类)。

第三节 千年埋瘗无人问,一朝重现天下闻
——藏品的发掘和辨识

其实,藏品中很大一部分都来源于陵墓和遗迹,又被称为文物。它们尘封地下,历时久远,稍有不慎就可能永远消失,因此就需要通过系统严格的考古发掘,才能让它们重新展现在世人眼前。

作为藏品的文物并不仅仅是简单的器物,它们凝结着制作者的心血及其所处时代的文化精髓。通过这些出土文物,我们可以更深入地了解当时科技、文化、艺术等方面的发展情况,可以说,每一件文物都是它所处时代的一个缩影——这也正是文物的价值所在。

发掘和辨识是考古的两大基本步骤。辨识就是解读出土文物价值的过程,这个过程与发掘同样重要——如果仅仅挖出来就算完事,那么挖出来的最多只能叫“古物”,而不能称

其为“文物”。辨识的过程涉及政治、历史、文化、艺术、科技等方方面面，只有通过多方面辨识解读，文物的价值才能更全面地被发掘出来，这样才算是真正的文物。

地下军阵——秦始皇陵兵马俑的出土

被誉为“世界第八大奇迹”的秦始皇陵兵马俑，是20世纪中国考古史上最伟大的发现之一。

秦始皇陵兵马俑的发现源于一个偶然的小事件。1974年3月，陕西骊山地区发生旱情，村民们不得不大量打井抗旱。西杨村村民在打井的时候，却打上一个陶俑头来。当地考古工作者闻讯赶到并展开考古发掘，随即出土了大量陶俑。至此，消失在世人眼里达千年之久的秦始皇陵总算浮出水面。

从1974年的初次发掘至今，秦始皇陵兵马俑还经历了两次大规模发掘，一次是1985年，一次是2009年6月。经过数十年的发掘，秦陵区共发现随葬坑和墓葬六百余处，清理出人马陶俑八千余件，连同车辆、器皿、乐器、兵器等等在内，总共出土文物达五万件左右。

秦陵出土文物种类繁多，最有代表性的是兵马俑、铜车马和兵器铠甲。下面我们要介绍的是兵马陶俑中鲜为人知的陶俑彩绘和青铜兵器。

一、陶俑彩绘。现在我们看到的兵马俑实物或图片，绝大多数是没有颜色的，只剩灰黄色的陶器底色，最多还有一星半点的残存颜色。

其实，在兵马俑最初制作的时候都上有鲜艳的颜色，那么这些颜色为什么不翼而飞呢？

首先是考古工作普遍面临的难题——氧化。陶俑埋藏地下达两千年之久，与空气隔绝，处于半真空状态时，颜色还可以持久保存；在考古发掘的过程中，这些陶俑逐渐被清理出土，与空气接触，瞬间发生化学变化，也就是氧化，颜色就会消退、变异或剥落。

秦俑在地下的分布并非如现在这样整齐完整，而是东倒西歪，甚至支离破碎，考古发掘的时候要像绣花一样的细致。时间一久，出土时原本有的颜色也会逐渐氧化消失。在 2009 年 6 月开始的第三次发掘中，这仍是考古专家们面临的重大难题之一。

另外，有一些秦俑曾受到过自然的和人为的破坏。在发掘过程中，考古工作者们在一号坑发现了火烧水浸过的痕迹。为什么会这样呢？史料记载，秦始皇陵曾经遭到的大规模人为破坏有五次之多，其中最著名的就是项羽的盗掘破坏；此外还有自然原因，秦俑作为陪葬品普遍埋藏较深，有的甚至低于地下水位，加上上层地表雨水的渗透，遭到水浸也很难避免。

这些因素都导致了敷在秦俑表面的颜色脱落消失。那么，是不是我们就无法了解当年秦俑彩绘的秘密了呢？当然不是，我们的考古学家采取各种手段，沿着残留下来的蛛丝马迹进行调查，大致还原了当时彩绘的情况。

原来秦俑的制作并不简单：先是用模子做出各种肢体的粗坯，也就是大致的形状；然后再上一层细泥（细节上的雕刻塑造和着色就是在这层细泥上完成的）；之后才是拼接和烧制、着色。

秦俑的颜色主要有红、绿、蓝、黄、紫、褐、白、黑等八种主色，加以调和稀释，形成浓淡不同的各种色彩，总的算来不下十余种。具体着色上，人俑的皮肤、头发、衣装、甲胄，甚至黑白眼球、勒甲绦等等都用不同的颜色渲染；不仅如此，色彩之间的搭配对比也十分的协调、科学，体现了当时人们在调配颜色方面的高超技艺。

马俑的着色也毫不马虎，以探方二十中出土的一组陶马为例，这组马共驾一车，称为一“乘”——古代战车的基本单位，由四马一车组成；人员配备上一般为三人，分别是发号施令的“车左”、驾车的“御”和担任护卫的“车右”。四匹马不仅颜色同中有异，各有特色，而且每一匹马身体部位颜色也各不相同，尤其面部色彩更是生动多姿。

值得一提的是，考古专家们还发现，陶俑身上残存的色彩中有一种人造的紫色硅酸铜钡颜料在目前的自然界中尚未发现，而是只存在于超导世界的衍生物中，这就使原本神秘的秦代文化显得更加扑朔迷离。

这些斑斓又不失和谐的色彩，与陶俑鲜活灵动的造型相配合，共同造就了秦俑不可超越的艺术成就。

在众多秦俑中，最为特殊的恐怕就是1999年出土的那具身份诡异的绿面跪射俑。这具陶俑姿势为单膝跪射，身体的大部分比其他陶俑并无特异之处，唯独生了一张绿色的脸。考古工作者们通过分析研究，发现陶俑脸部的绿色浑然一体，并非年深日久发生化学反应造成的色变，而是创作之色。

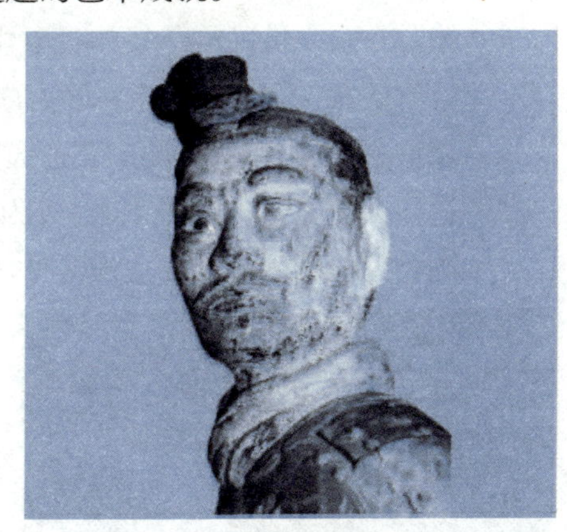

◎ 绿面跪射俑（局部）

这就引发了学者们的思考：为什么陶俑的脸要涂成绿色？这是否暗示该俑有着特殊的身份？目前学界的观点主要有这

么三种。

第一种观点认为这是正常现象，首先这种浅绿色是一种近似色，并非完全写实，而且也的确有面色与此相似的人的存在，这实际上反映了秦人在色彩调配运用上的生涩贫乏。

第二种观点认为绿面俑实际上是秦军中的“傩官”，也就是随军的巫师。他的主要职责是驱逐疫鬼和丧葬祭祀，“绿面”实际上应该叫“青面”，是为了看起来恐怖，以吓走疫鬼。

第三种观点认为，绿面俑实际上是秦军的狙击手，因为他手执弓箭；而绿色就像现在的迷彩一样，是一种保护色。

直至现在，这个问题仍然是众说纷纭。

2009 年的第三次发掘中，考古人员发现了有外国人 DNA 的骨架。他们推测，这支庞大的秦国地下军队中，很可能就有外国人。

这其实也很好理解，秦国地处西鄙，与戎羌等少数民族接壤。在与少数民族争战的过程中，秦人学得了很多有效的作战方法，这也是秦军战斗力强的重要原因。有争斗就必然有俘虏，争战中秦军可能虏获过很多少数民族和西域军士，后来这些人就在秦国定居下来，成为新的秦国人。这种情况在战国时代秦国强大之后更加常见。

◎ 秦弩机

情况是否真的如此呢？目前发掘工作仍在进行，就让我们拭目以待吧。

二、青铜兵器。兵器铠甲也是秦始皇陵出土器物中的大宗，据统计达四万件之多。秦陵出土的兵器花样繁多，主要有长兵器，如戈、矛、殳、戟等；短兵器如钩、剑等；此外还有远射兵器弩箭，而经过千年的腐蚀，弩箭也只剩下了铜制的弩机和箭镞。

秦陵出土的弩机制作精确巧妙，就连出土的铜箭镞也采用了三棱锥的形状。三个面和三条棱都略微凸出，使整个箭镞呈现出近似流线型的形状，这就大大地减弱了飞行时空气的阻力，而且三棱锥的形状也使箭镞的重量更大、杀伤力更强、更具实用性。据说，这种弩箭射程可达数百步，威力较之现代的枪支也不遑多让。

另外值得大书一笔的是秦陵中出土的青铜剑。秦国的青铜剑有三大亮点——

第一个亮点是采用镀铬技术防锈，历经千年而光亮如新，这种技术汉代之后就失传了，直到20世纪才为西方所掌握。

第二个亮点是记忆合金技术的应用。据说当年发掘的时候，发现一柄宝剑因塌方被压在一具重达百公斤的陶俑下达千年之久。工作人员挪开陶俑时，宝剑立即恢复原状，挺直如初，这种记忆合金技术直到20世纪60年代才为国外所掌握。两千年前的秦国，它的科学技术到底发展到了怎样的程度，至今仍是个谜。

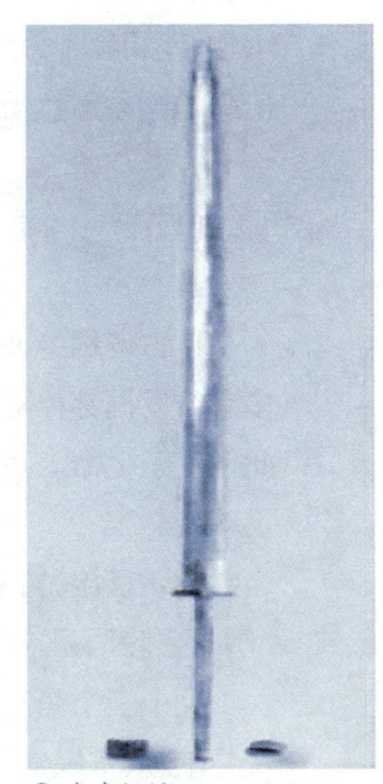

◎ 秦青铜剑

第三个亮点是长度大大增加。在此之前，由于用于制作兵器的青铜质地脆硬，容易折断，所以青铜剑的长度比较短，而秦国铜剑普遍较长，有的竟长达九十厘米。这一方面固然与其形制有关——剑身截面有八个棱面，剑身中间偏上部略细、略薄，有利于提高剑身的柔韧性——这取决于秦国工匠们高超的制作工艺。

无论是陶俑的精美绝伦，还是兵器的精巧犀利，这些成就除了取决于秦国当时的科技水平外，还与秦国当时的生产制度有密切的关系。

秦国以法家思想治国，法家主张严刑峻法、轻罪重罚，把灰撒到官道上都要处以剁脚的惩罚。而且严刑峻法不仅用在对待平民百姓上，对待官员更是如此。体现在生产制度上就是高度的标准化、规范化和严格的责任制，甚至每一件产品上都要刻上制作者及其上级长官，甚至主管这方面的高级官吏（比如吕不韦）的姓名，便于事后追究责任。由于监管、检验、审核、处罚都十分严苛，所以工匠们都不敢懈怠，精益求精，做出来的产品当然质量过硬。

风雨迷途——明定陵的发掘

考古发掘绝非易事，除了长年累月的高强度劳动之外，很多考古发掘都伴随着考古工作者的流血流汗，很多人甚至为此付出了生命。正因为如此，作为藏品的出土文物才显得弥足珍贵。

去北京旅游，有一些著名景点是不能不去的，其中就有“明十三陵”，顾名思义，就是明代十三个帝王的陵墓。

这十三个陵墓分别是成祖永乐皇帝的长陵、仁宗洪熙皇帝的献陵、宣宗宣德皇帝的景陵、英宗天顺皇帝的裕陵、宪宗成化皇帝的茂陵、孝宗弘治皇帝的泰陵、武宗正德皇帝的康陵、世宗嘉靖皇帝的永陵、穆宗隆庆皇帝的昭陵、神宗万历皇帝的定陵、光宗泰昌黄帝的庆陵、熹宗天启皇帝的德陵和思宗崇祯皇帝的思陵。

去过明十三陵的人都知道，开放的景点只有长陵、定陵、昭陵和神路，可以进入地宫参观的只有定陵一处。实际上，十三陵中只有定陵地宫已被发掘，而那也是20世纪50年代末的事了。

1955年10月，一份关于发掘长陵的请示报告出现在时任政务院秘书长的习仲勋同志的办公桌上，署名为郭沫若、沈雁冰（茅盾）、吴晗、邓拓、范文澜、张苏等，发起人就是胡适先生的得意门生、著名的历史学家吴晗。

◎ 定陵地宫

这一纸文书就如一颗重磅炸弹，登时激起了考古学界的轩然大波。以吴晗、郭沫若等为首的学者主张发掘明陵，以郑振铎、夏鼐等为首的学者认为我们尚不具备相关技术条件，考古队伍也不够壮大，因此不宜发掘明陵。

双方争执不下，最后周总理批示：同意发掘。1955年12月，在吴晗的主持下成立了长陵发掘委员会和考古工作队。工作队经过长时间的实地考察后，决定修改发掘方案，放弃发掘长陵，把发掘目标转向定陵。

1956年5月，定陵发掘工作正式拉开帷幕。与秦始皇陵兵马俑的发掘不同，整个定陵的发掘过程都弥漫着神秘、惊险、艰难，甚至残酷的传奇味道。

考古发掘的每一铲泥土中都有可能藏着重要的历史信息，需要认真勘察分析。加之发掘定陵之时天气恶劣，阴雨连绵，工程一开始就进展缓慢。

那时候全国刚解放不久，人们的迷信思想和皇权崇拜思想还没有退化干净，工作队的工人又多是附近的农民，这也是导致工程进展缓慢的原因之一。考古过程中因此还闹出了不少笑话：有人向考古队献“宝书”——《陵谱》，考古人员却发现所记全是传闻臆说，毫无价值；有人假装“鬼上身”，说万历皇帝“显灵”，企图阻止考古工作进程，结果当即被戳穿……

面对重重困难，考古人员调动力量搜集一切可以利用的信息，甚至专门前往监狱，从当年参与盗墓的罪犯口中了解情况。终于，功夫不负有心人，一个偶然的机会，考古队员们发现了宝城（陵墓地上封土外围的城墙）的入口——一个直径仅半米的塌陷的孔洞。

从这个入口下手，考古人员终于找到了通往皇陵内部的通道。开工不久，一块刻有“隧道门”字样的小石碑被工作队发掘出来。按照石碑的指示，考古人员步步推进，又发现了砖砌隧道，这意味着通往地宫的路已经明晰。

然而之后的工作却并不顺利。出于保护文物的目的，考古人员没有拆开砖隧道的大门，因此错过了指示地宫入口的重要信息。又历时数月，考古人员打出了一条宽六米、深七米、长二十米的探沟之后，却一无所获。一些别有用心的人开始装神弄鬼，企图阻挠考古工作进行，“皇帝显灵”的闹剧就发生在这时候。

考古队并没有因此放弃，而是做出了一个大胆的决定：拓宽探沟。正是这个正确的决定，使他们找到了记载金刚墙位置的小石碑。

按照小石碑的指示，考古人员终于在 1957 年 5 月 19 日，也就是考古工作进行整整一年后，发现了地宫的入口——金刚墙。它高八百八十厘米、厚一百六十厘米，墙基由四层条石铺成，墙体由五十六层每块重达四十八斤的城砖砌成。

金刚墙的发现，又引起了一场不小的风波：先是在民工中流传开地宫中设有毒气、毒箭等机关暗器的传言，后有一位满嘴"生辰八字"的老者前来算命骗钱……甚至连考古队员们也开始警惕起来。

◎ 定陵发掘现场照片

终于，上级下达了开启玄宫大门的指示。考古队员赵其昌自告奋勇打头阵，就在他抽出金刚墙的第一块砖的刹那，一股黑气嘶叫着喷射而出！当然，这不是什么毒气机关，而是地宫中物品腐烂积聚下的腐气，因为地宫密封较好，直到开启时终于得以宣泄而出。赵其昌当然安然无恙。

赵其昌当先开路，考古队员们也陆续下到地宫中。由于考古领导小组事先下达了对陵墓机关暗器"宁可信其有，不可信其无"的指示，考古队员们在地宫中的一举一动都是战战兢兢、如履薄冰。

前行不久，一座巍峨壮观的地宫大门赫然矗立在考古队员们面前。由于年代久远，地宫中水汽又大，建筑地宫用的石灰石都生成了宝剑般的钟乳石，悬挂在大门的门框上，这倒是把考古队员们吓了一大跳。

之后，考古队员们把钢筋一头弯成半个"口"字形，制成"拐钉钥匙"，破去了自门后顶住大门的"自来石"，打开了一道道石门，进入了存放帝后棺椁的墓室，自此定陵地宫终于被完全打开。地宫中也并没有传闻的暗器机关，考古队员们虚惊一场。之后就是对地宫形制、棺椁安放位置及相关葬制的考察。

定陵内共安葬着万历皇帝和他的两位皇后：孝靖皇后和孝端皇后。从三具棺椁中出土的元宝、金银玉器、陶瓷器皿、各种丝棉织品、偶俑等达三千余件，其价值无法估量。我们就其中几件比较有代表性的文物介绍一下。

一、两顶皇冠：金丝翼善冠和乌纱翼善冠。金丝翼善冠通体用头发丝一般细的金丝编制而成，全高 24 厘米，直径 17.5 厘米，重量仅 826 克。金冠分前屋、后山和帽翅三个部分。前屋是金冠的主体，形制呈半个球形，与头颅相似；后山是前屋后面突起高耸的冠体；帽翅就是安装在后山背面的兔耳状网片，可以展开。

后山对称镶嵌着两条金丝编成的金龙，雄浑有力，惟妙惟肖。二龙口相对，之间有一颗明珠，镶嵌珠子的部分呈火焰状，远远看去，就像一颗正在冒着火焰的龙珠。

杨仕、岳南在《风雪定陵》中这样描述它：

“这顶翼善冠，通体用极为精细的金丝编结而成，重量仅为 826 克。半圆形的帽山之上，挺立着两个状似兔耳的金丝网片，一颗太阳状的明珠高悬在两耳中间，两条金色的行龙足登帽山，正昂首眺望明珠，大有腾云追日之势。若能戴在头上，则天地人融为一体，给人以主宰苍生、容纳寰宇之感。像这样气魄宏大、造型精美的金冠，还是首次出土，堪称国宝。翼善冠的珍贵，除质地全为金线之外，还在于整体的拔丝、编织、焊接等方面的高超技术。它的出现，标志着中国古代缕织工艺已达到了登峰造极的境地。”

不必说冠体如何精致，也不必说金丝的焊接如何不露痕迹，仅是龙鳞编织之细致就足以令人叹为观止了：细看之下你会发现，竟然连金龙的每个鳞片都是用金丝搓拧而成的！

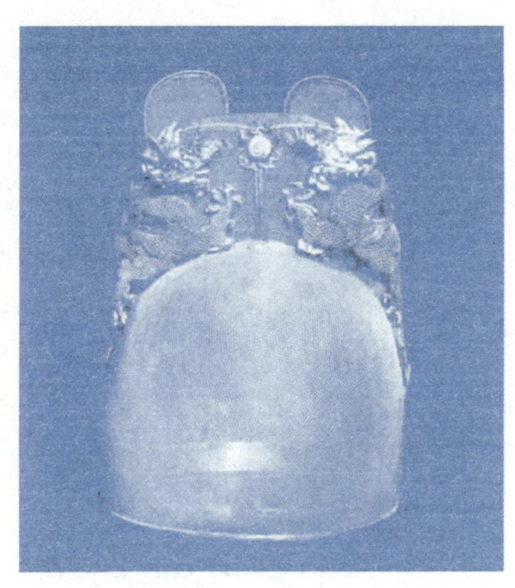

◎ 金丝翼善冠

乌纱翼善冠形制与金丝翼善冠相似，不过通体用乌纱制成，只帽翅边、双龙戏珠、前屋与后山交界处用金丝和珍珠编成。尽管如此，它在制作工艺上也不比金丝翼善冠逊色。

二、刺绣百子衣。是孝靖皇后的随葬衣服，分上衣和下衣两部分：上衣为红素罗绣对开襟夹袄；下衣为黄缎裙，内套黄缎夹裤，裤腰从左侧开口并用黄缎带紧系。《风雪定陵》称它为“定陵出土的近二百匹成料和服饰中最为辉煌珍贵也是保存最好的两件瑰宝。”它的珍贵之处主要体现在制作工艺和图案设计两方面。

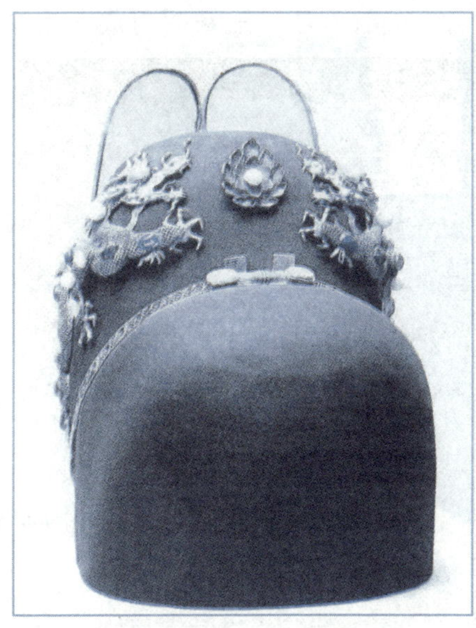

◎ 乌纱翼善冠

首先看它的制作工艺。百子衣用刺绣工艺制成，据说用孔雀羽毛等五种丝线、十一种针法缝制而成。衣服的底料是红素罗，先在底料上以穿丝针法绣满菱形花式作为地纹，然后再在地纹之上绣主花，这种绣法叫“洒线绣”，是京绣的一种。衣服前襟与两袖之上绣有九条蛟龙，全用金丝修成，并绣有八宝纹、山石、树木、花卉等图案，作为百子图案的背景。不仅如此，不同的图案也用不同的绣法绣成，比如洒线绣绣地纹、花线绣绣童子、金线绣背景图案的边缘、孔雀羽绣成龙身，等等。绣法多种多样、变化多端，色彩搭配恰当、互相辉映，但就刺绣工艺而言，就是一件不可多得的艺术珍品。

然后是它最具特色的方面——图案。图案的主体是象征子孙繁庶的一百个童子，这些童子不仅服饰各异、情态不同，而且三三两两组成一个个场景，比如“打猫图”“考试图”“沐浴图”“扮官员出行图”等，共计四十个场景；而且这些场景散布于九龙、山石、树木、花卉和八宝纹之间，与之浑然一体。通过这些生动活泼的场景，多子多福的美好愿望跃然而出。此外，百子衣上还绣着具有宗教意味的“万”字图，虽然也是吉祥的象征，在数百年后的我们眼里，无疑充满了神秘意味。

◎ 刺绣百子衣

这只是定陵地宫出土文物中比较有代表性的三件，此外，比较有代表性的还有四顶皇后戴的凤冠、用曾一度失传的缂丝工艺制作的衮龙袍、镶满各种名贵宝石的“宝藏库取出大碌带”等等，以及各种金锭元宝、金银玉器、陶瓷制品等，让人在对古人智慧惊叹不已的同时，也对古代帝王的奢侈生活瞠目。

1958 年 7 月，历时两年多的定陵发掘清理工作基本结束；从 1958 年 9 月开始，定陵文物开始运出地宫，面向世人展出；1959 年 9 月，定陵博物馆成立；1961 年 3 月，十三陵被列入国家重点文物保护单位。

这些并不能挽救定陵文物被毁坏的厄运。随着“反右”斗争愈演愈烈，逐渐升温，由于保管不善，大量文物风化腐朽，不复存在。“文化大革命”开始后，定陵及存放在仓库中的大量文物都遭到不同程度的毁坏，连万历帝后的三具尸骨也被红卫兵焚毁。

那位一马当先进入地宫的赵其昌先生在 1958 年就被“劳动改造”，其间，他曾利用夜里的时间冒着危险躲到一处古墓的墓穴里撰写发掘报告，可惜没有完成就被民兵发现，为此他还受到了残酷的批斗。直到 1959 年，他才“获准”完成了《定陵发掘简要报告》。

1979 年，“文革”结束后，在夏鼐先生的指示下，赵其昌与王岩、王秀玲两位同事开始了《定陵发掘报告》的撰写，这项工作于 1985 年 6 月宣告完成。

撰写发掘报告并不仅仅是一项文字工作，还涉及各类文物的分类辨识与价值估算，这就需要与相关艺术门类，如纺织业、制瓷业等方面的专业人士交流沟通，还涉及文物的分类保管等问题，这个过程之艰辛绝不亚于发掘。

几乎与《发掘报告》的完成同时，夏鼐先生去世。当我们惊诧于定陵的美轮美奂与其文物的巧夺天工时，谁承想它们还遭受过如此的浩劫呢？

沉睡千年的贵妇——马王堆汉墓的发掘

在湖南省长沙市辖区内有一个原本名不见经传的小地方，叫作马王堆。

所谓“马王”，就是五代十国时期割据在此的楚王马殷；所谓“堆”，说的是这里有一个大土堆，相传这个大土堆就是楚王马殷家族的墓地所在。

1971 年，当地驻军试图在这里建造地下医院。哪知从动工开始就怪事不断，先是塌方，后来工人们在用钢钎打洞探测的时候，孔洞里又莫名其妙地喷出刺鼻的气体。有人大胆拿火种在洞口试了一下，结果蹿出一道蓝色的火焰……

接到消息的湖南省博物馆工作人员立刻意识到，这里埋藏着一座火坑墓！于是，1972 年 1 月，一场大规模的考古发掘活动开始了……正是这次考古，让原本默默无闻的马王堆闻名于世。

◎马王堆棺椁

接下来的发掘更让人瞠目结舌：先是在用于封闭墓葬的白膏泥中发现了绿叶和黄绿色的颜色如新的竹筐；后来在清除封土之后，人们在深达二十米、漏斗形的墓穴中发现了一口四米长、近两米高的巨大棺椁！打开椁盖，人们在第一层和第二层椁的淤泥中发现了崭新如初的随葬物品！时间仿佛在这座墓葬中停止了，永远定格在了下葬的那一刻！

不仅如此，当人们打开摆放在椁壁之间作为随葬物的漆盒的时候，意外地发现了藕片和桃子！它们看起来就像是刚放进去一样新鲜如初，可是一接触到外界空气，就立即化成了水。

椁就是套棺，也就是最外面的那层“大棺材”。“椁”字是从“郭”字引申来的。“郭”就是外城，相应地，“椁”就外棺。古代葬制规定，墓主身份不同，所用的棺椁层数也不同，身份越高，棺椁层数越多。周代规定天子棺椁四重，荀子认为天子应七层，诸侯五层，大夫三层，士两层。此外，随葬衣衾的多少、棺木的厚度、上面的装饰以及随葬品的多少等都有严格的等级规定。超过了这个规定，就是“逾制”。

马王堆汉墓的棺椁共有四层，这四层棺椁越往里越精美：最外层是沉重厚实的大木椁，涂有黑漆，无装饰；第二层是黑底彩绘；第三层是朱底彩绘；最后一层是内棺，也就是装殓死者尸体的棺材，黑底，用锦绣等丝织品装饰。

开启内棺后，考古人员发现，里面有一大捆色彩鲜艳的丝织品，用带子捆扎着，墓主人就包裹在里面。由于年深日久，加上出土后的氧化作用，外面的丝织品已经变得像豆腐一样难以剥离。考古人员绞尽脑汁，用尽各种办法，还是花了整整一周的时间，才把包裹尸体的丝织品剥离开来。

这些丝织品包括墓主四季所穿的衣物共二十件。剥开重重衣物后，墓主人的真面目终于露了出来：她就像刚刚下葬一样，肤色近于活人，皮肤和肌肉尚有弹性，按下去还能恢复；部分关节还没有僵硬，尚能活动；在注射防腐剂的时候，皮肤组织还能微微鼓起，就像新鲜的尸体一样。

尸体出土后，并没有得到及时地防腐处理。加上尸体下葬的年代太久，而且考古人员剥离尸体身上的衣物也花了不少时间，这时尸体已经出现了一定程度的腐烂，受到体内腐气膨胀的作用，尸体的眼睛开始努出，舌头也鼓出口外，整具尸体开始散发出难闻的气味。

千年女尸的出土受到了国家领导人的高度关注，尤其是周总理，他在病中接连下达五次指示，要求博物馆、医院等相关单位做好尸体的防腐保存和解剖研究工作。

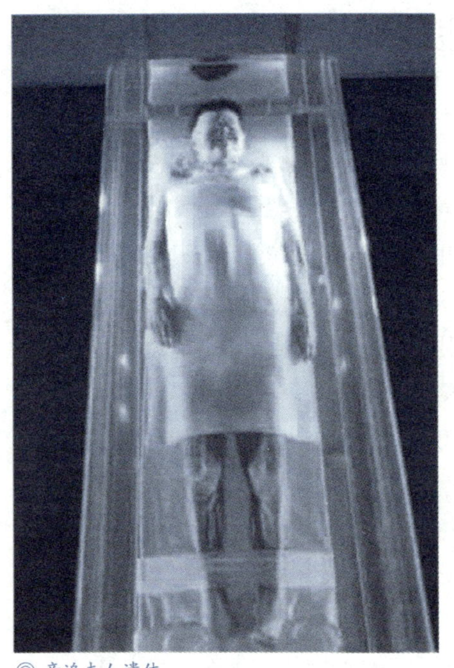

◎ 辛追夫人遗体

湖南湘雅医院接受了这个解剖任务，这次解剖几乎动员了全院的所有科室。研究发现，死者的脑部并无病变，但患有严重的冠心病和动脉粥样硬化，而且胆管内也发现了结石，消化器官包括食道内还发现了大量的甜瓜子，说明死者临死前曾食用过大量甜瓜，这就排除了死于慢性疾病的可能性。

医生们认为，死者的死因是由于食用甜瓜引起胆绞痛，进而引起的心脏冠状动脉痉挛，由此导致急性心肌缺血而猝死。通过解剖尸体，分析两千一百年前死者的死因，这在世界医学史上也是极少见的案例，无疑对医学的发展具有重要的意义。

解剖过程中还发现死者体内存在血吸虫卵。其实血吸虫病早在《黄帝内经》《千金要方》中就有过记载，马王堆古尸体内血吸虫卵的发现印证了古书的记载，这比 1904 年日本学者

“最早”发现这种病早了整整两千年。

早在挖掘一号墓的时候，考古人员就在随葬品中发现了刻有“妾辛追”字样的印章。一年后，考古队在发掘旁边的二号墓和三号墓的时候，又发现了“长沙丞相”“轪侯之印”和“利仓”三颗印章，这就为判断三个墓主人的身份提供了铁证:三个墓分别是轪侯利仓及其妻儿的墓葬。而马王堆女尸呢，就是利仓的妻子辛追。他们生活在汉初惠帝前后。

我们学习历史的时候都知道，西汉初年，在汉武帝之前的皇上一直是以黄老之术治国，休养生息，倡导节俭。据说汉高祖刘邦在开国之初吸取秦亡的教训，严禁奢侈，曾因为丞相萧何给他营建的宫室高大华丽而严厉斥责他。到了汉文帝的时候这种风气有增无减，文帝连臣下上书时用来包裹逐渐的“帙”都不舍得丢掉，把他们缝制成帷幕，以示节俭。

事实是否真的如人们所想呢？通过马王堆汉墓尤其是一号墓的发掘，考古人员发现，辛追夫人的随葬品主要以日常生活用品为主，种类十分丰富，包括各种做工非常精细的梳妆用品和玩具。

而且，从尸体的解剖情况看，死者身形肥胖且患有冠心病和动脉粥样硬化，说明生前营养严重过剩。据说，后来考古学家们在对汉景帝阳陵周围的从葬坑进行发掘的时候，除发现了数以千计的木俑和不计其数的陪葬品之外，还发现了数量庞大的、带有镣铐的工人遗骨。这一切，都使我们对汉初的“休养生息”“文景之治”有了新的认识。

在马王堆出土文物中，最珍贵的还有帛书、帛画。对于马王堆汉墓的研究，它们的价值是无法估量的。

收藏是一门博大精深的学问，单是收藏品的种类都无法确数。其中的一些我们现在看起来非常另类，这些“另类”的藏品就包括古尸。

◎ 汉景帝阳陵陶俑

古尸也有很多种类，像马王堆女尸这种保存完好又水分不失的古尸叫作“湿尸”。1996 年，荆门市的几个盗墓贼也曾盗掘出战国时代楚国的一具湿尸，可惜在他们盗墓的时候被破坏了。像木乃伊那样经过脱水处理的或是像楼兰女尸那样自然风干后尸体水分脱去的尸体叫作“干尸”。还有一种比较少见的古尸叫作“冰尸”，1991 年在意大利和奥地利边境上发现的冰人“奥兹”就是最著名的例子。而“沼泽木乃伊”则在北欧国家发现的比较多。

古尸的收藏者既有官方组织，也有私人或其他组织。所谓官方组织，当然是以博物馆为主，私人收藏古尸的在我国不多见。

龙的祖先——红山文化的发现

以上几次考古发掘的对象都是古墓，而且发掘一开始就是有组织的，历时相对也比较短；而龙山文化遗址的发掘对象是上古人类居住、生活的遗迹，当然也包括古墓。从发现到有组织地大规模发掘，其间经历了近一个世纪的坎坷。

红山，是位于内蒙古赤峰市英金河畔的一座大山，它的蒙古名字叫“乌兰哈达”，翻译成汉语就是“红色的山峰”，也叫“红山”，赤峰市就因此山而得名。

“红山文化”有广义和狭义之分。狭义上的红山文化指内蒙古赤峰市以红山后文化遗址为中心的“红山文化”，红山后文化遗址距今已有五千至五千一百年的历史了。广义的“红山文化”实际上是辽河流域新石器文化的总称，覆盖面积达二十万平方公里，时间跨度达两千年之久。

广义上的红山文化包括了兴隆洼文化（前6000～前5000）、查海文化（前6000～前5000）、新乐文化（前5300～前4800）、赵宝沟文化（前5200～前4200）、红山文化（前3500～前3000）等几个比较大型的文化遗址。

其实，红山后文化遗址存在的年代在红山文化中是比较晚的。那么，为什么学者们要用“红山文化”来命名呢？因为红山后文化遗址是最早为考古学家所关注的，而这些考古学家中最著名的就是梁启超先生的儿子梁思永先生。

早在20世纪初，就有日本人、法国人和瑞典人先后到这片流域考察。中国学者来此考察的最早记录是在20世纪二三十年代，这位中国学者就是梁思永先生。之后直到20世纪70年代，有很多批专家来此调查和发掘，也取得了很大的成绩。

红山文化发现与研究的第二阶段始自20世纪70年代，其标志就是1971年内蒙古赤峰市翁牛特旗三星他拉村玉龙的发现。这条玉龙就是举世闻名的“中华第一龙”，它的发现，使红山文化开始被世人所知。

红山文化遗址出土的龙形器物不止一件，最著名的玉器有四件，查海文化遗址还出土了一处龙形堆石。此外，陶器上的龙形纹饰更是举不胜举。下面，我们就着重介绍一下最著名的五条龙。

首先就是最著名的“中华第一龙”——三星他拉大玉龙。大玉龙长二十六厘米，呈C形，用青绿色的软玉制成，经过磨

◎ 三星他拉大玉龙

光处理，通体圆润光洁。龙有身无足，龙首像马头（也有人说像鹿或鳄鱼），唇吻向上翘起，甚至嘴角也微微翘起；与龙吻相对的另一侧是龙鬃，鬃毛浑然一体，末端也向上翘起，与龙吻正好相对应；龙尾末端内收。整条龙造型看起来非常流畅。

然后是东山嘴遗址出土的双首龙。所谓双首龙，就是说龙有两个头，这两个头正好对称。龙嘴造型与大玉龙相似，都是唇吻前伸，上唇略翘；不同的是双首龙的龙嘴略微张开；龙眼呈菱形，身上有纹。

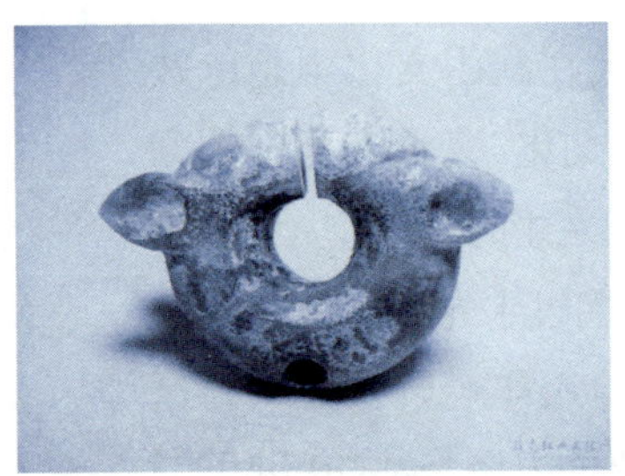
◎ 红山双首龙

再就是玉猪龙。之所以叫这个名字，是因为玉龙的龙头像猪（也有人说像熊）。玉猪龙长十五厘米，唇吻粗大，与尾部略有相连，形成一个环形，中间有圆形的大孔。相比大玉龙而言，玉猪龙的样子也粗短得多，不像大玉龙那样潇洒流畅。不仅如此，玉猪龙脖项处还钻有两个圆孔，便于系绳，富于实用性。在四条玉龙中，玉猪龙的知名度仅次于大玉龙。

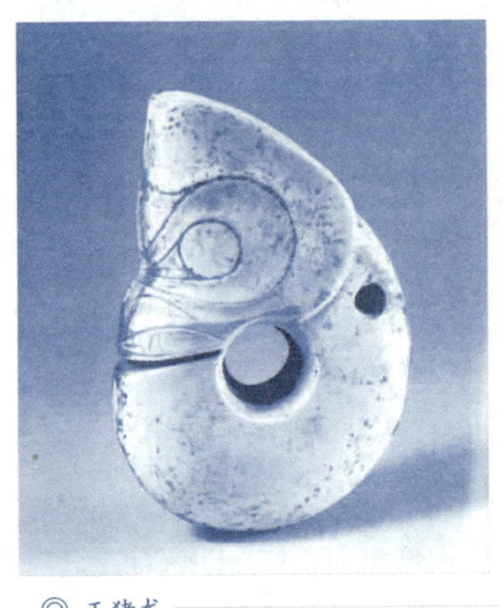
◎ 玉猪龙

还有在那斯台遗址发现的玉鹰龙（也有人认为这不是龙，而是鸟）。玉鹰龙顾名思义，就是龙首似鹰，嘴喙大而尖，眼睛大而圆，龙体作蜷曲状。

此外，在查海文化遗址还出土了一条龙形的堆石。这条石龙呈西南东北走向，龙头朝西南，龙尾朝东北，石料系就地取材——用红色花岗岩堆成。石龙的四周是五十多座房屋的遗址，龙头正对着十多座墓葬，龙尾则紧靠最大的房址，可见地位非同一般。

这种用堆砌的方法摆成龙形的例子，在河南和湖北也有发现，而且时代也相仿——都是距今六千年前。所以有学者认为，堆砌是龙形雕塑早期的普遍用的手法，堆石龙正是三星他拉大玉龙的先祖，也是中国龙的初祖之一。

有人说红山文化就是龙的文化，但实际上，红山玉器中的龙形玉器只占少数，鸟形、龟形、蝉形等动物形状的玉器并不比龙形少。

与前三例考古发掘不同，红山文化发掘历时长，范围大，出土的文物就不可能像前三例那样，都能由官方用最先进的条件保存下来，很多文物必然会辗转落入私人或组织手中。这样，就出现了很多专门收藏红山文化出土文物的私人收藏家。

也正是因为私人收藏的参与，大量的红山文物赝品（主要是玉器）也流向了市场，这又引起了一项新的收藏学问——专门针对红山文物的鉴别。而前三例中的文物就不可能有大量赝品出现，因为收藏家们都知道，发掘出的文物都让博物馆保管起来了，不可能流入市面。

第二章

收藏的历史

收藏文化

藏家按身份分为官藏和私藏两种。在古代，皇帝是一个国家的最高统治者，“普天之下，莫非王土”，天下的一切都可以看成是皇帝的私人财产。所以，官藏和皇帝的私藏基本上是可以画等号的。收藏又被看作是一件风雅事，因此，传统的私人收藏就和文人墨客结下了不解之缘。本章要记述的就是发生在皇帝和文人墨客身上的收藏趣事。

第一节 后来视今犹视昔，过眼百世如风灯
——古代帝王的收藏故事

正因为有至高无上的权力作后盾，皇帝的收藏往往在藏品的数量和质量上都是无与伦比的。收藏是一种风雅，历代皇帝中也不乏风雅之士，他们的收藏在古代收藏史上都很有影响。

萧绎焚书

历代君王中以文采风流著称的不少，其中著名的莫过于魏晋南北朝时期的三国魏曹氏“三曹”——曹操、曹丕、曹植，和南朝梁萧氏“四萧”——梁武帝萧衍和他的三个儿子萧统、萧纲、萧绎，而其中和收藏关系最密切的应该属“四萧”之

一的梁元帝萧绎了。

提到萧绎，后人对他评价不一：有人说他是“江陵焚书”的主谋，是我国藏书史上的大罪人；有人说他诗文书画绝妙，是文学史和艺术史上不可多得的人才。甚至就连“二十四史”中的《梁书》和《南史》对他的评价也不尽相同。

萧绎（508～554），字世诚，是梁武帝萧衍的第七子，小字七符，自号金楼子。

他自幼聪慧，记忆力过人。五岁的时候，有一次他的父亲梁武帝萧衍问他：“你现在在读什么书？”他回答说：“在读《曲礼》。”萧衍说：“那你就讲讲《曲礼》吧。”他当即毫不思索地把《曲礼》上半部背了出来，在场的人无不惊骇。

萧绎不仅聪明，还嗜好读书。他出生的时候患有眼疾，其父萧衍没有重视，治疗不力，萧绎一只眼睛因此失明。萧衍觉得愧对儿子，因此对他更加疼爱。但萧绎并没有因此消沉，反而更加努力地读书。

因为眼目不便，萧绎读书一般不自己执卷阅读，而是派几个随从在旁边朗读，昼夜不息。即使睡着了，也不肯放弃读书。到了夜里，他就让五个人轮流值班朗读，一人一个时辰。有时候左右实在太累偷懒或是读错了，他即使在睡梦中也能惊醒，并对他们施以严惩，勒令重读，嗜好读书甚至到了如痴如狂、不近人情的地步。

他无所不读，甚至兵法、卜筮类的书也烂熟于心。他曾经自诩“我韬于文士，愧于武夫”，意思是说“我的学问可以使文士失色，武夫惭愧”，人们也认为他说的并不过分。可见他学问之广博了。

他不仅爱读书，还爱藏书。南朝时期以梁朝的藏书事业最为发达，这与萧绎的努力是分不开的。据史料记载，梁朝时曾发生过侯景之乱，萧绎在平乱的时候，抢回侯景掠去的各类藏书共七万余卷，并运到江陵妥为保管。

他即位之后，并没有返都建康，而是把江陵作为据点继续经营。他的《金楼子·聚书篇》中说，他自幼就有收集藏书的喜好，终其一生，他都在不断通过各种途径收集藏书。他自称"自聚书来四十年，得书八万卷，河间之侔汉室，颇谓过之矣"，并不夸张。到了在江陵被围的时候，他的藏书已经达到十四万卷之多。

另外，萧绎的博学在中国古代帝王中也是首屈一指的。据《南史》记载，他的著作情况如下：

《孝德传》《忠臣传》各三十卷，《丹阳尹传》十卷，《注汉书》一百十五卷，《周易讲疏》十卷，《内典博要》百卷，《连山》三十卷、《词林》三卷，《玉韬》《金楼子》《补阙子》各十卷，《老子讲疏》四卷，《怀旧传》二卷，《古今全德志》《荆南地记》《贡职图》《古今同姓名录》各一卷，《筮经》十二卷，《式赞》三卷，《文集》五十卷。

著述之丰、水平之高，就连专业学者都不遑多让。其中最著名的《金楼子·立言篇》是文学研究的必读之书。

萧绎爱好广泛且多才多艺，书画诗文样样精通。他的人物画，尤其是画佛，以及画鹿鹤等动物，还有风景画都很有功底。早年，他父亲梁武帝萧衍好佛，他就画了一幅《圣僧像》献给萧衍，萧衍十分高兴，亲自为之题识；还画有《宣尼像》，并自题赞词，后人把这幅画中的画、字和赞词称为"三绝"。

他的代表作品是知荆州时画的《番客入朝图》，现在一般认为《职贡图》即是《番客入朝图》，描绘了二十五国使臣来梁朝朝觐的图景。现在我们所见的《职贡图》是宋人摹本的残卷，仅剩十二人。图中人物均面向左站立，身后用楷书书写国名、地理位置、历史概况、交往情况及贡品等信息。使者的国家自右至左分别为:滑国、波斯、百济、龟兹、倭国、狼牙修、邓至、周古柯、呵跋檀、胡密丹、白题和末国等。

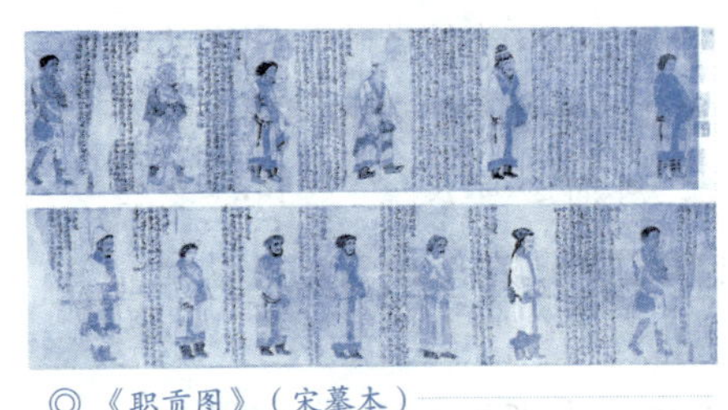

◎《职贡图》(宋摹本)

不仅如此,萧绎好诗成癖,兵临城下都不忘作诗,甚至被囚期间还写了四首诗,他的诗文风格绮丽,题材上也有所创新,在文学史上很有名气。

萧绎虽然“不好声色”、聪颖好学、多才多艺,但为人残酷猜忌、嫉贤妒能,治国乏术却刚愎自用。即位之后对同宗大肆杀戮,甚至连妻儿都不放过,终于自毁长城;对才学名声超过自己的人不惜罗织罪名,构陷杀害;困守江陵四面受兵之地而不知道变通,对前来勤王的臣子给予冷遇……终于在554年,江陵城被西魏军队攻陷,萧绎本人也被俘。

在江陵城陷落前夕,萧绎走投无路,自知不能幸免。绝望之下,把江陵城所有藏书和书画藏品共计二十四万余卷(其中书籍十四万卷)悉数焚毁,又欲自焚,被左右制止,只好投降西魏。魏人问他为什么要焚书,他回答说:“我读书破万卷,犹有今日,书有什么用呢?”

隋代牛弘在回顾历代藏书史的时候,把萧绎焚书与秦始皇焚书、王莽之变、董卓之乱、西晋末的怀惠之乱并称为藏书史的“五厄”。

尽管萧绎在古代收藏史、文学史、艺术史上都作出过杰出贡献,但这些远远不能弥补焚书对我国文化史上造成的灾难性破坏。

李世民与《兰亭序》

自秦始皇始称皇帝到清宣统帝退位，中国历史上出现的皇帝总共有二三百位。说到其中的有道明君，人们最熟知的莫过于秦皇汉武、唐宗宋祖。"唐宗"就是唐太宗李世民。

李世民(599～649)是唐代第二位皇帝，也是中国历史上少有的既有雄才大略，又文治武功兼备的皇帝。不仅如此，他还酷爱书法。即位之后，他开始通过颁发诏书、重金求购等各种途径收集历代名家字帖，为临摹学习之用。这些书帖之中，最多的就是李世民最为推崇的、后人称为"书圣"的王羲之的作品。

经李世民提倡，全国兴起了搜购献书之风。据记载，最后收集到的王羲之书法有楷书、行书近三百纸，草书两千纸。他命人把这些字帖装订成卷，每卷都印上"贞观"字样作为标记，共计几百卷。

有了这么多名家字帖，按理说李世民应当满足了。可是他最喜欢的，也是王羲之墨宝中水平最高的《兰亭序》一直搜求不到，这使他感到十分遗憾。

王羲之字逸少，出身东晋大家士族，做过东晋的"右军将军"，所以后人又尊称他为"王右军"。王羲之为人不慕名利，喜欢纵情山水，结交名流。

东晋穆帝永和九年三月三日，王羲之和当时名流孙绰、孙统等四十一人到会稽山修禊(当时的一种礼俗，于每年三月上巳，到东流水中洗濯祓祀，以驱除不祥)。文人雅聚，当然少不了要吟诗。他们规定每人作诗四五言各一首，共成诗三十七首，并把这些诗结成集子，称为"兰亭诗"，由王羲之作序。当天王羲之心情畅快，欣然应允，用鼠须笔在蚕茧纸上写下了这篇《兰亭序》。

《兰亭序》全文共二十八行，三百二十四字。文字上造诣很高，有人曾拿《兰亭序》与石崇的《金谷诗序》相提并论，王羲之听说后非常高兴；书法上的成就更高，全文用行书写成，笔力遒媚劲健，相同字形绝无重复，其中二十余个“之”字形态各异，可谓空前绝后。后人推之为“天下第一行书”。

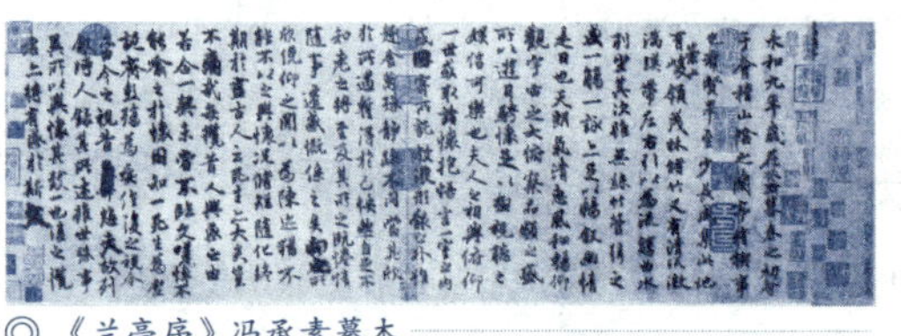

◎《兰亭序》冯承素摹本

李世民派人四处探访，才打听到《兰亭序》的下落。原来《兰亭序》写成后，王羲之觉得它是文稿，有涂抹改动痕迹，就打算重新誊写一份。结果誊写了几十遍，自觉不如原稿写得好，以为有神相助。后来就把它作为传家之宝留给后世子孙，最后流落到第七世孙、书法家僧智永手里。智永去世后，他的徒弟辩才就在房梁上凿了个洞，把它珍而重之地收藏起来，秘不示人。

太宗获得情报后，就派人把辩才召到京城，给他各种优待，软硬兼施，套问《兰亭序》的下落。辩才一口咬定，智永死后，《兰亭序》毁于战火之中。太宗无法，只好把他放回去。后来经过再次探查，认定《兰亭序》就在辩才手上，就再次把辩才召到京城。再三追问之下，辩才仍然不吐真情，只好又把他放回去。如此反复三次，辩才还是坚持隐匿不交。

太宗求之不得，吃喝不下。这时候房玄龄给他出了个主意：监察御史萧翼为人足智多谋，而且擅长书法，如果派他前去寻取，必然手到擒来。太宗大悦，召来萧翼问话。萧翼说：

“如果以公家身份去取，肯定无所获；但如果以私人身份去，再带上几张右军真迹，就有把握拿到手。”太宗依言给了萧翼几幅王羲之真迹，让他便宜行事。

于是萧翼扮作一个落魄书生，到了辩才所在的越州永兴寺。进寺之后，萧翼装作游赏的书生，来到辩才门前。辩才一见萧翼气质不俗，知道是满腹才学之人，就主动上前攀谈。

萧翼见机行事，跟辩才谈古论今，讲经说史，吟诗唱和，聊得十分投缘。不过十来天工夫，两人就混得如同故交好友一般。萧翼看辩才再无防范之心，就把话题转到了书法上。萧翼称自己的先辈都学过二王书法，现在自己身上也携有几幅真迹，视为至宝。辩才也是爱好书法的人，一听有二王真迹，就请萧翼带来观看。

第二天，萧翼带着梁元帝萧绎的《职贡图》和王羲之的几幅真迹去造访辩才。言语之间对这几幅作品极为推重，辩才表示不以为然，告诉萧翼自己还有比这些更好的作品，就是《兰亭序》。萧翼不信，并以言语相激。辩才不知是计，就把珍藏的《兰亭序》拿出来给萧翼看。萧翼见后心中大喜，表面却不露声色。看了一会，萧翼指着几处瑕疵给辩才看，并故意说辩才所藏《兰亭序》为赝品。辩才见萧翼说得有根有据，就信以为真，对《兰亭序》也就不再像以前那么珍视了，不再把它藏在梁上。

过了一阵子，萧翼趁辩才不在寺里的时候，趁机盗走了《兰亭序》。盗帖之后，萧翼急忙把《兰亭序》连同以前太宗交给他的那几幅真迹一并送到驿站，以钦差的身份命令召见当地都督齐善行，说明原委。然后把辩才找来问罪。辩才一见萧翼，知道上了当，又惊又怒，当时就昏了过去。

稍事整顿，萧翼便从驿站出发，快马加鞭地把书帖送往京城。太宗见帖大悦,加封萧翼为员外郎,并赏赐他大批珍宝良田;房玄龄因为举荐有功,获赏锦彩千匹。至于辩才呢,太宗开始恼怒他隐匿欺君,后来看在他年纪高迈的份上网开一面,数月后又赏赐了他大批财物,以示安抚。辩才失去《兰亭序》,欺君的事又被发觉,心里恐慌,过了一年多就死了。《兰亭序》从此常伴太宗左右。

为了让诸皇子们都能受到熏陶,太宗命令冯承素等各自临摹了几本赐给皇子们。不仅如此,太宗手下当时最著名的书法家如褚遂良、欧阳询等都曾临摹过《兰亭序》。

太宗临死前,对太子李治说:“我想从你那里求取一物,给我陪葬。你是孝子,能不能满足我这个要求呢?”李治痛哭流涕,把耳朵贴近了听命。只听太宗说:“我只想要《兰亭序》,你就拿它去给我陪葬吧。”李治奉命照办。后来世上流传的都是摹本,尽管是摹本,在当时也值数万元。现在我们看到的最通行的本子就是冯承素摹本,这也是各临摹本中公认最接近原作的版本。

到了五代的时候,后梁的温韬趁战乱发掘了唐太宗的昭陵,盗取了其中的金宝珠玉和大量钟繇、王羲之真迹。掘开的时候,字帖纸墨都还像新的一样。这些字帖中有没有《兰亭序》,史书上没有提,就不得而知了。温韬是个老粗,根本不懂何谓书法,只是把装裱用的绸子撕了下来,真正有价值的字帖反而被丢弃。这样一来,被他毁掉的真迹不在少数,但其中一部分也得以流传民间。

盗过昭陵之后,温韬又想盗高宗和武则天的合葬墓——乾陵,但偏巧风雨大作,温韬做贼心虚,最终也没敢发掘。直到现在,乾陵仍是历代王陵里极少没有遭到过大规模盗掘的王陵。很多人推测,既然史料没记载《兰亭序》被盗出,是不是李治没有把《兰亭序》陪葬昭陵，而是把它葬在了自己的乾陵里了呢？

这个谜底就需要考古学家们来为我们揭开了。

徽宗"三宝"：书画、道藏和"花石纲"

历代帝王中，若论艺术素养和成就最高，应该首推宋徽宗赵佶。

徽宗赵佶（1082～1135）是宋朝的第八位皇帝，是宋神宗的第十一个儿子，哲宗的弟弟。中国古代的世袭制无外乎两种：一是父死子继，一是兄终弟及。徽宗的即位就属于后一种，因哲宗一生没有子嗣，死后就由弟弟赵佶继位。

徽宗与大多数的王公子弟一样，"生于深宫之中，长于妇人之手"，根本不知祖先之艰难，更不知道民间疾苦为何物。他自幼就酷爱书画、花石、蹴鞠、修仙学道、驯养飞禽走兽等等娱乐，是个典型的纨绔子弟。

有爱好就有收藏，尤其是掌握天下大权的皇帝，收藏起来就更方便了。宋徽宗的收藏最有名三类是：书画、书籍（尤其是道家书籍）、花石。

首先是书画。宋徽宗本人不仅爱好书画，而且有很高的天赋和造诣。史料记载说宋徽宗"万几之暇，惟好书画"，"徽宗皇帝临御日久，海内无事，唯不忘翰墨之事"，由于练习书画不辍，以至于

◎ 宋徽宗《瑞鹤图》

周围的人对他的书画都非常了解，“见者知其为御画也”。

他的书画造诣高，不仅因为他练习得勤，还在于他创作时极为严谨的态度。有一次徽宗建造了一座龙德殿。建成后，他就让宫廷画家们在屏壁上作画。徽宗看罢他们的作品，不置可否，唯独对殿前走廊上的一幅月季花连连称赏。后来得知是一位少年新进所画，徽宗十分高兴，命人厚赏了他。左右不解其意，徽宗解释说：“百花之中月季花最为难画，因为它的枝叶花蕊都随四季甚至时辰变化而呈现出不同的姿态。这幅画画的是春天中午的月季，画得与实际一般，说明这位画家观察仔细，所以厚赏他。”

◎ 宋徽宗《芙蓉锦鸡图》

还有一次，徽宗命人从南方移植了几棵荔枝树，种到宣和殿前。荔枝在北方难以存活，没想到这次居然开了花，还结出了累累硕果，这时恰巧有只孔雀飞到树下嬉戏玩耍，徽宗很高兴，以为是祥瑞之兆，就命宫廷画家画下这个场景。众画家为了在皇帝面前表现，各尽所能，画得华彩灿然、栩栩如生。哪知徽宗看了却摇摇头说：“不好！不好！”众画师惶恐不安地问徽宗为什么不好。徽宗说：“孔雀要高飞之前，必然先迈左腿。你们画的都是先迈右腿，说明观察得还不仔细。”众画师听了，既惊且愧，叹服不已。

徽宗在书画史上的地位非常重要：他创造了“瘦金体”书法，这种字体飘逸劲健，张弛有度，既张扬又不乏内敛，在当时堪称独步；他还把绘画纳入科举制度，并把自己的独到见解作为判定绘画好坏的标准，这对宋代及以后绘画重神似、重意境的风格，起到了巨大的推动作用；他自己也创作了大量绘画作品，如《瑞鹤图》《芙蓉锦鸡图》《听琴图》等，这些连同他的书法作品，都是后代收藏家热衷收藏的精品；他还开创了画、诗、书、钤印于一体的绘画布局模式，为后代书画家争相效法。

北宋皇帝都雅好书画，宫廷的“翰林书画院”一直被悉心经营着，到徽宗时已有百年历史。其中收藏的字画远远超过以往各朝各代，总量达几万件之多。徽宗时，“翰林书画院”收藏规模更胜往昔，史料称“秘府之藏，充牣填溢，百倍前朝”。这话虽然说得有些夸张，但是也充分反映了徽宗在书画收藏方面的确做了不少贡献。

为了便于载录和查阅宫廷收藏的历代书法绘画作品，徽宗命人编纂了《宣和书谱》和《宣和画谱》两部书。《书谱》按帝王和字体分类，每类前有序论，总结该字体的渊源、发展情况及历代知名书家，最后列上内府藏品目录；《画谱》体制略同，只是分类上按绘画内容分成十类，然后分类介绍。两书共四十卷，载有书画作品八千余件，对我们研究宋以前的书画史提供了大量史料。

除古人字画外，徽宗本人的御制书画和宋代名家书画也被他大量收藏，徽宗命人把这些作品总共一千五百多件，集为一百帙，分成十四门，命名为《宣和睿览集》。这种分门别类地结集收藏，无论是规模上还是科学性上，都远远超过了以往。其中最著名的两件就是张择端的《清明上河图》和王希孟的《千里江山图》。

张择端是徽宗时期翰林书画院的画师，这幅画完成后就被献给了徽宗。据明人李东阳记载，徽宗曾在画卷前头用“瘦金体”题写“清明上河图”五个大字，并押签了双龙钤印。据说，这是《清明上河图》第一次被收藏并钤印。现在徽宗的题名和钤印均已不存，学者认为是后人为牟利而将该部分截取了。

由于徽宗在哲宗众弟兄中并非长者，这在奉行嫡长子继承制的古代是非常不利的，而且徽宗少有浮浪之名。所以登基的时候，着实经历了一番周折。幸亏神宗的皇后向氏力排众议，徽宗才得以继位。徽宗感念向氏恩德，就把《清明上河图》赐给了向氏的弟弟向宗回，作为答谢。

◎ 王希孟《千里江山图》（局部）

相比《清明上河图》，王希孟的《千里江山图》更受徽宗赏识。因为前者格局气派不及后者，而且偏于写实，与宋徽宗重写意的绘画主张不太符合。

王希孟原是宫廷画学——徽宗时设立的绘画专业学校——里的学生，十八岁时受召入大内文书库。王希孟曾多次向徽宗进献自己的作品，徽宗都不太满意。但是徽宗看出王希孟很有绘画天赋，就亲自指导他。半年之后，王希孟画技大进，创作了这幅《千里江山图》进献给徽宗。徽宗览毕大悦，对这幅画十分满意，就赏赐给了宠臣蔡京，以此勉励蔡京“天下事皆可作”。王希孟因为作画辛苦，耗尽心血，不久就去世了。后来这幅画又流落到南宋内府，一直传到现在。

北宋重文轻武，对书籍的收藏和印刷传播尤为用心。宋代好几位皇帝都信奉道教，宋徽宗尤为突出。即位之初，他就命令各地征献收集道家书籍，又命道士校订道教经典——《崇宁重校道藏》凡五千三百八十七卷；后来诏令天下进献道书，使道教藏书增加到五千四百八十一卷。此外，他还设立了专门的校订机构，命道士王道坚、元妙宗等负责校订，校订完毕后送到福州闽县雕版印刷，由知州黄裳负责监督。这部书就是著名的《政和万寿道藏》，简称《万寿道藏》。

徽宗还有一项著名的收藏，就是奇花异石，其中最有名的是《水浒传》中提到的臭名昭著的“花石纲”。常看历史演义小说的人对“花石纲”“生辰纲”之类的字眼都不陌生，那么什么叫作“纲”呢？

“纲”是宋代运送物资的一个计量单位——运送马匹的叫“马纲”，五十四马为一“纲”；运送粮食的叫“米饷纲”，一万石为一“纲”；运送奇花异石的就叫“花石纲”，十船为一“纲”。

其实“花石纲”的名目早在宋代的第三个皇帝——真宗的时候就有了。“花石纲”跟“祥瑞”的作用一样，都是为了粉饰太平、掩盖虚弱、自欺欺人。“花石纲”包括各地珍稀树木花卉和奇石，比如太湖石、慈溪石、荔枝、龙眼、文竹等。很多“花石纲”产在高山绝地，百姓不得不冒着生命危险去挖，死在这上面的人不计其数。而且，进贡“花石纲”的地区包括东南各州府一直到广州，所过之处略有阻碍，无论民房、城郭、墓地，一律拆毁，闹得很多百姓流离失所，家破人亡。

到了徽宗时候，征集和贡献“花石纲”更是变本加厉。徽宗爱“花石纲”爱到了变态的地步：有一次地方进献了一块灵璧石，运到京师后，发现城门太小，不能容石头通过。徽宗就命人拆毁城门。石头运进城后，徽宗见了大喜，赐名“卿云万态奇峰”；还有一次地方进献了一块百人不能合抱的太湖石，徽宗见后大喜过望，竟然封石头为“盘固侯”……地方官员趁机溜须拍马，拼命寻找花石。为了运送“花石纲”，大量商船、粮船被征用，严重阻碍了国计民生。

《水浒传》中的杨志正是“花石纲”的受害者，他因为运送“花石纲”的船沉没在黄河而戴罪逃亡，后来又经历一系列波折，最终被逼上梁山的。尽管小说不是史实，但当时像杨志一样深受“花石纲”之害的人数不胜数。

 “第一顽主”乾隆皇帝的收藏

乾隆皇帝生于1711年，卒于1799年，是中国历史上最高寿的皇帝。在位前期乾隆励精图治，将“康乾盛世”推到了顶峰；晚年好大喜功，对外征伐不休，对内六次南巡，大规模组织编书、收集文玩字画等活动，把以前积攒下的家底花得所剩无几。

乾隆帝的收藏种类之多超过了宋徽宗，值得一提的有如下几件事。

首先是书籍的收藏和编纂。乾隆皇帝一生，在藏书编书上发起的活动就有好几次，最有名的就是《四库全书》的编纂。

《四库全书》是我国古代最大的丛书。“四库”，就是经、史、子、集四大部类——“经”指儒家经典，“史”指各种史书、方志，“子”就是除儒家外各家学派的书，“集”就是各种文集及汇编类书籍；“全书”，就是把多种书籍完整地按照一定的分类原则编排到一起，这与类书部分地摘录原书不同。

与《四库全书》编纂的过程伴随着发生的，是乾隆朝大兴文字狱。据记载，为了编纂《四库全书》，乾隆皇帝下令从全国各地征集各方面的书籍，收上来一万多种图书，但编成后只

收录了三千五百余种，余下的绝大部分都作为“禁书”统统销毁了。从这种意义上说，《四库全书》的编纂可谓“功不补患”，这也是《四库全书》为后人诟病的所在。

编成后的《四库全书》共收录书籍三千五百余种，近八万卷，装订成三万六千多册，抄录七份，分别藏在故宫的文渊阁、沈阳的文溯阁、避暑山庄的文津阁、杭州西湖圣因寺的文澜阁、圆明园的文源阁、扬州的文汇阁和镇江金山寺的文宗阁。由于抄录的份数比较多，而且分藏各地，再加上近代藏书家的大力保护，尽管有几份被毁，我们今天见到的《四库全书》还是比较完整的。

乾隆皇帝在书画收藏方面下的功夫并不比宋徽宗少，在他的号令下，全国曾一度掀起书画买卖征献的热潮，这在整个中国历史上也是不多见的。与他的父亲雍正皇帝一样，乾隆皇帝对汉族文化特别热衷，经常把自己装扮成古代汉族士子，着汉服焚香鼓琴，吟诗作赋、赏玩书画金石。

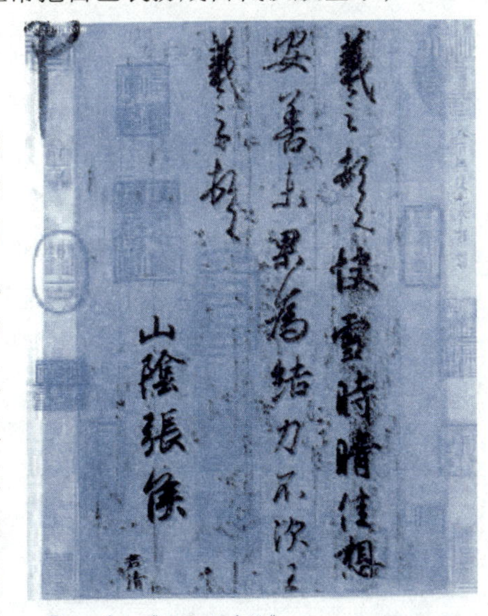

◎ 王羲之《快雪时晴帖》

乾隆最有名的收藏是“三希堂法帖”。乾隆皇帝酷爱书法，曾几次下令在全国征集历代名家书法，其中他最喜欢的就是王羲之的书法。所谓“三希堂”的“三希”，即“三件稀世之宝”，这三件稀世之宝都出自东晋王氏之手，分别是：王羲之的《快雪时晴帖》、王献之的《中秋帖》和王珣的《伯远帖》。这三件书法作品，被乾隆皇帝视为自己所有藏品中的无上至宝，辟专室收藏。而这个收藏室就被命名为“三希堂”。

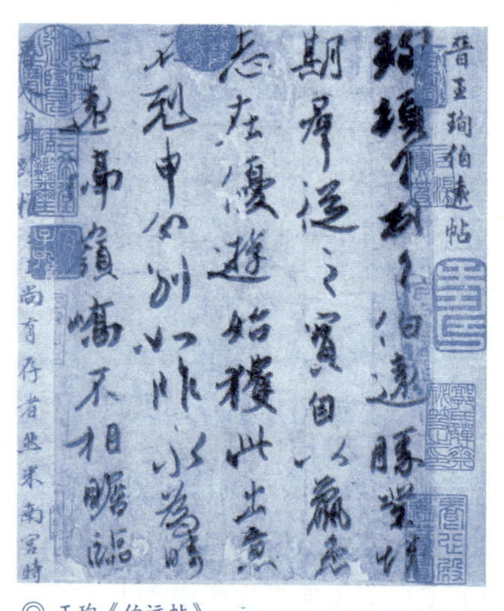
◎ 王珣《伯远帖》

“三希堂”位于故宫养心殿西暖阁，面积仅数平方米，布置得却极为雅致，匾额和“身心托豪素，怀抱观古今”的对联都是乾隆皇帝亲自题写的，可见他对这间雅室的钟爱。在王羲之的《快雪时晴帖》之后，他题写了“天下无双，古今相对”的评语；在王献之的《中秋帖》之后，他题的是“龙跳山门，虎跃凤阁”，珍爱之情跃然纸上。

在古迹字画上题字钤印，是乾隆的一大爱好，有的甚至题到空白皆满、无处下笔为止。有人说这是一种破坏的自私行为；也有人认为这种做法无伤大雅，不影响原作价值。我们认为，像金庸先生在《书剑恩仇录》里说乾隆题字是“作践山水，唐突景胜”，固然苛刻了些，但随意在书画文物上题写钤印，的确是一种不尊重古代文化遗产的行为。

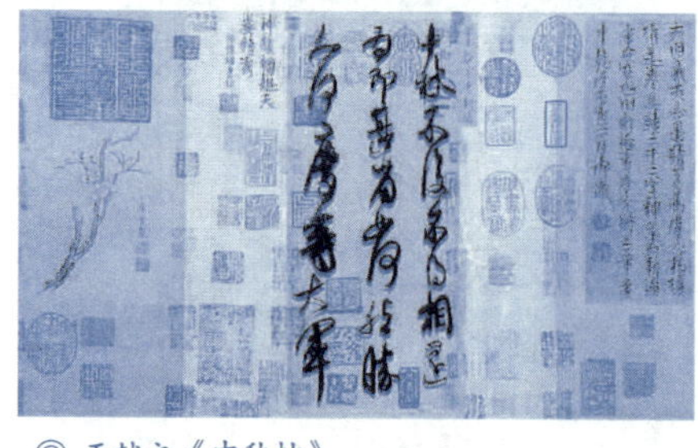
◎ 王献之《中秋帖》

为了方便取阅赏玩，乾隆曾命张照、励宗万等人编纂了《秘殿珠林》和《石渠宝笈》两部书。这是两部著录收藏宫廷书画的目录著作，收录宫廷书画无数，保存了丰富的材料，至今对我们研究书画史、书画鉴定和流传考证仍有重要意义。这两部书无论在编纂目的还是意义上，都可以与宋徽宗时的《宣和书谱》和《宣和画谱》相提并论。

不仅如此，康雍乾三朝尤其是乾隆时期，意大利人郎世宁作为宫廷画家被重用，用西方绘画技法创作了大量作品，对推进中西绘画艺术融汇结合起到了重要的作用。

乾隆皇帝自己在书法和绘画上也有一定造诣，他本人的作品为众多藏家所喜爱。

有人说，乾隆皇帝是当时最大的“顽主”，这话不无道理。乾隆皇帝喜爱收藏的物件种类繁多，瓷器、玉器、木雕、鼻烟壶等都是他平时喜欢把玩的东西。

为了可以随时欣赏和把玩藏品，他曾命人打造了很多“多宝格”。这些多宝格设计得非常精妙，真正实现了用最小的空间，容纳最多的东西。据说，一件长宽各三十厘米、高十六厘米的多宝格，竟然可以容纳下四十七件“珍宝”。这些存放在多宝格里的珍宝，都是精挑细选出来的最名贵的“珍宝”。次一等的藏品则被放在“百什件”或“万宝箱”里。

◎ 乾隆 紫檀多宝格方匣

有的多宝格还设计有开合机关，而且机关隐藏得极为隐蔽，环环相套，不知情者即使取到了手，也是绝对打不开的。

多宝格不仅设计精巧，而且做工也极为精细。有的多宝格中每个格子都用来盛放专门的物件，于是盒底就按物件的形状刻出凹槽，这样物件就可以嵌进去，不会因剧烈晃动而受到损伤。

有一件名为“竹丝缠枝花卉纹多宝格圆盒”的多宝格的设计就颇具特色:它把圆筒形盒分成四个扇面,这四个扇面边缘用机轴相连。一字打开的时候呈屏风形状,翻转一周则围成一个正方形筒状盒子。每个扇面又被分成数层,可以容纳更多的小物件。

◎ 竹丝缠枝花卉纹多宝格圆盒

多宝格被人们戏称为“皇帝的玩具箱”,这个说法很是贴切。多宝格虽不是乾隆皇帝首创,但无论从数量上还是质量上,乾隆时的多宝格都最具代表性。

收藏固然是怡心悦性、陶冶情操的风雅事,但凡事都要有度,更要认清自己的角色。如果因为收藏荒废了事业,那就是玩物丧志了。

作为皇帝,宋徽宗显然不明白“天子一跬步,事关民命”的道理,一味玩物丧志。虽然说过分爱好收藏并不是导致北宋灭亡的唯一原因,但无疑是重要原因之一。徽宗害得自己被囚黄龙、坐井观天,还坑害了无数军民百姓,为后人所谴责。

相比之下,乾隆皇帝要好得多,他虽玩物,但还不至于丧志。他在位期间屡次平定叛乱,建了不少功业;将“康乾盛世”推向顶峰,也算造福百姓。但是他的好大喜功和“顽主”作风,却大大损耗了清朝的国力。到了嘉庆的时候,清朝已经空有天朝虚名,而实则危机重重了。

第二节 一生当着几两屐，定心肯为微物起
——古代文人的收藏故事

有的收藏学家说，收藏是一门“雅玩”，此话说得很精到。尤其在古代社会，收藏是身份的象征，更是文化品位和素养的体现。对文人骚客来说，周彝汉鼎、文房四宝、书画玉器与诗书一样，都是风雅的象征，这也正是唐太宗、宋徽宗等皇帝喜欢收藏书画文玩的原因之一。在我国古代历史上，很多著名文人也喜欢收藏，他们的收藏趣事一直流传至今。

苏轼的墨砚收藏

在中国历史上，苏轼是人们最熟悉的大文豪之一。他与他的父亲苏洵、弟弟苏辙被人们合称为“三苏”，父子三人与唐代的韩愈和柳宗元，宋代的曾巩、王安石、欧阳修，又并称“唐宋八大家”。“三苏”是文学史上大名鼎鼎的文学家族。

在“三苏”中，又以苏轼的成就最大、名气最响。苏轼在文学方面的成就是尽人皆知的，不仅如此，他的书法、绘画造诣也独步一时，尤其是他的书法，与黄庭坚、米芾、蔡襄并称“宋四家”。对书画钟爱的人很少有不喜欢文房四宝的，苏轼也是这样的人。他在墨和砚台方面的收藏花了不少心血，还留下了不少脍炙人口的佳话。

苏轼对墨的收藏十分痴迷,几乎碰到好墨就要千方百计收为己有。他的学生黄庭坚也是当时著名的书法家,前去向黄庭坚求字的人络绎不绝。求字就难免会送些"润笔",大家都知道黄庭坚喜欢好纸和名墨,"润笔"里当然也少不了这些。日久天长,黄庭坚的锦囊里就积存了不少上好的墨块。有一次,黄庭坚带着储墨的锦囊去苏轼家拜访,苏轼看见锦囊,知道里面盛满了好墨,就一把夺过去翻看。翻到当时著名制墨大师李承晏制造的半块墨,苏轼就向黄庭坚讨取。黄庭坚也爱墨如命,推辞不想给他。苏轼就笑着对黄庭坚说:"你们这些孩子就是对外人大方,对自己人小气。"说完就一把夺了过去。

这当然不是说苏轼以大欺小,为师不尊。这种事在"苏门"中经常发生,不仅老师对学生毫无架子,学生对老师也从不拘谨。

苏轼不光爱收集墨,也曾多次尝试自己做墨,既找到了一些做墨的窍门,也闹出了不少笑话。简单地说,墨的制作就是把点燃的松枝等燃料冒出的烟(碳微粒)用器物承接积累,就像积攒锅底灰一样,然后用胶调和凝固。起初苏轼很不理解为什么松烟做的墨格外的黑,而油墨做出来的就不够黑。于是他反复实验,最后终于明白了:原来承接松烟灰的时候离火源较远,烟灰不容易被燃烧;而承接油烟的时候离火源较近,容易把承接来的烟灰燃烧成白灰,这样颜色自然就浅了。后来他想了一个好办法,把承上来的烟灰一边扫一边承,这样烟灰就不会被燃烧掉了,做成的墨也格外的黑。

后来,苏轼被贬到琼州,就是现在的海南。那时候海南非常落后,即便是一州之长,也过得极为清苦。不过,天生乐观旷达的苏轼没有因此消沉,他对墨的喜好也不减丝毫。有一次，他结识了一个叫潘衡的卖墨人，两人聊得十分投缘。苏轼就把他请到家里，请教如何做墨。说到起劲处，两个人亲自动手，砌了一个墨灶，收集了一大堆松枝，开始做墨。第一次墨灶做得不太合理，尽管收集了很多墨，质量却不合意。后来他们把墨灶改造了一下，果然效果好了很多。但是由于一时不慎，一天夜里墨灶里的火窜了出来，点燃了苏轼住的房子，引起了一场火灾，房子差点被烧毁。

扑灭大火后，苏轼还念念不忘墨的事。他从烧毁的墨灶把残存的墨都收集起来，做成墨块。看着这些“劳动成果”，苏轼满怀信心地说：“等时间长了，胶凝固了，这些墨应该不比李廷珪（五代时的制墨名家）做的差。”

苏轼曾写过一首《次韵答舒教授观余所藏墨》：“一生当着几两屐，定心肯为微物起。此墨足支三十年，但恐风霜侵发齿。非人磨墨墨磨人，瓶应未罄罍先耻。”大意是说，收藏那么多的墨，真正能用完几块呢？恐怕墨还没用完，人就先死了。

尽管嘴上这么说，苏轼对墨的收集从未停止过。早年的时候他说自己藏好墨七十余块，后来说所藏到了一百多块，到写《书墨》一文的时候，储量已经到了几百块。可惜在从海南赦回廉州途中，他所乘船只沉没，辛辛苦苦收集的两箧名墨全部沉入水底。后来他又从孩子们那里弄来三块好墨，这三块墨一直陪伴他到次年去世。

苏轼对砚的爱好，丝毫不逊于墨。十二岁那年，他跟小朋友们在自己家空地挖坑玩，结果挖出一块奇石。这块石头呈浅绿色，上有银色细点，石质细腻温润，敲上去声音清脆。他就试着拿来作砚台，结果发现这块石头粗细适中，既有一定的吸水性，又不涩笔。苏轼很高兴，就拿去给父亲苏洵看，苏洵仔细看了看，让苏轼好好保管，说：“这块石头是天生作砚台的好材料，唯一的缺点就是不好雕琢成形。”

苏轼很高兴，郑重地把它收起来使用，并给它起名叫“天石砚”。后来苏轼因事下狱，出狱后以为天石砚丢了，后来却偶然间却在箱底发现了它。苏轼大喜之余，写了一篇《天石砚铭》，并把天石砚赠给儿子们使用。

苏轼爱砚不拘产地种类，只要是好砚他一定喜欢；人家拿砚来让他取名撰铭，他也欣然不拒，为此也闹了不少笑话。有一次有人拿了一块福建产的砚来找苏轼，请他给新砚取一个名字。苏轼看了下，发现这果然是上好的制砚石材，就给它取名为“凤味砚”；取了名还不过瘾，又在上面题铭道：“苏子一见名凤味，坐令龙尾羞牛后。”意思是说，苏轼我一看见这方砚就喜欢，给它命名为“凤味”，“凤味砚”一出，就连闻名海内的歙州龙尾砚跟它相比，也成了牛屁股。

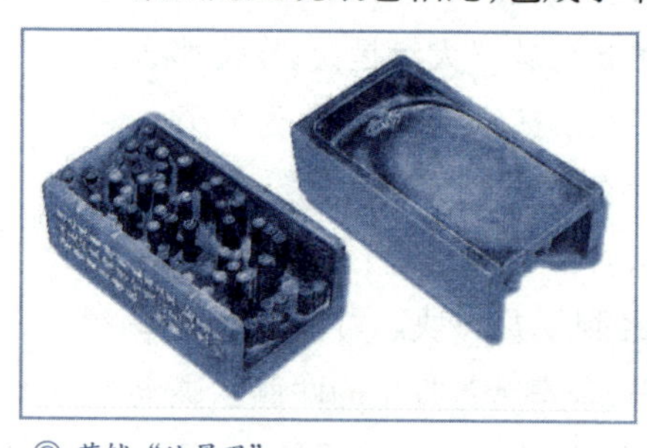
◎ 苏轼“从星砚”

结果这句话得罪了歙州人，后来苏轼看中一方龙尾砚，结果歙州人就是不给他。苏轼只好又写诗把自己骂了一通，说自己不会说话，口无遮拦；还写诗把龙尾砚大大赞扬了一番，说歙州砚石绝不是凡间的石头，它里面蕴藏了“金声玉德”，总之费了老大的劲，才把龙尾砚弄到手。

“操千曲而知音，观千剑而识器”，苏轼不仅喜好收藏砚台，还经常自己挑选石材制作砚台，见的多了，自然积累了丰富的经验。长期的收藏使苏轼成了砚石鉴定方面的专家，凡是经他手的砚，无不真假立辨。

不仅如此，他对砚石的品评也有独到的见解。他说：“砚之美,止于滑而发墨,其他皆余事也。”意思是说,品评一块砚石的好坏,要看它是不是够细滑,是不是对墨水有一定的吸附性,除此之外其他方面都是次要的。这种实用至上的砚石评定观,得到了米芾的肯定,米芾也认为:“器以用为功。”意思是说,器物的首要价值是实用性。这确实是方家之言,只重视砚的做工、材料,而忽视砚的实用性的人,必定不是真正懂得用砚的人。

不仅如此,苏轼对墨、砚的爱好和收藏不是一般意义上的赏玩,他是把墨和砚当作老朋友一样来对待的。他的收藏充满了真挚的感情,有一次他见到朋友的一件龙尾砚,对它的“涩不留笔,滑不拒墨”印象很深。很多年后,又见到这块砚的时候,他不禁发出了“依然如故人也”的感慨。

而且,在他的眼中,每一件墨、砚都蕴含着人生道理。有一次他和司马光一起品茶,司马光问他:“茶水的颜色是越白越好,墨的颜色是越黑越好;茶叶是越新越好,墨是年代越久越好;茶叶是越重越好,墨是越轻越好。两者截然相反,为什么茶和墨你都喜欢呢?”苏轼回答说:“两物虽然材质不同,但内涵上还是有相同点的:好的茶和墨都香气馥郁,它们的品质相同;好茶和好墨质地都硬,它们的节操相同。这就好比贤人君子,虽然外貌上黑白美丑各不相同,但品质上有共同点。”司马光听了甚为叹服。

苏轼在《书墨》里说,自己藏了数百枚墨,每到闲暇的时候就拿出来品试一下。但是每次都觉得墨色不够黑,真正满意的只有少数几枚。

还有一次,他得到一方端砚,但是这方砚中间突起而且体积很小,磨起墨来很不方便。苏轼就想,这是不是制作砚的人希望砚台在使用百年之后,把突起部分磨平了,才更好用呢?

并感慨地说，制作一方砚都想到百年之后的情况，何况做人。

苏轼好物而不役于物，善于在收藏中探求做人的道理，这才是收藏的最高境界。

赵明诚夫妇与《金石录》

说起赵明诚，可能很多人不了解他；但是他的妻子却是家喻户晓的名人——她就是我国古代首屈一指的女文学家李清照。

赵明诚（1081～1129），字德父，山东诸城人。他曾读过太学，对文学也颇为用力，但由于他的妻子李清照文名太盛，相比之下他的文学成就逊色得多，而他的主要成就是在金石学、文字学方面。

赵明诚自幼爱好金石，他的父亲赵挺之在宋徽宗崇宁年间曾任宰相，殷实的家境为他的金石收藏提供了有利条件。

读太学期间，二十一岁的赵明诚与十八岁的李清照结为伉俪。婚后两人相处十分融洽，有了李清照这位贤内助，赵明诚在金石文物的收藏和研究上更是如虎添翼。而且在赵明诚的影响下，李清照对金石学也产生了浓厚的兴趣。

那时候赵明诚还在没有毕业出仕，两人在经济上不算宽裕。尽管如此，每到月中和月末，赵明诚就向太学告假，和李清照一同去大相国寺购买碑文拓片，两人一边吃着果品零食，一边对坐研究拓片，日子过得十分和美。

过了两年，也就是1107年，赵明诚学成出仕。宋代官员的待遇十分优厚，这一点历朝历代罕有其匹。有了丰厚的俸禄，两人收藏起金石来就更方便了。这期间赵明诚几度游历名山大川，寻访古碑、拓制图片，收获颇丰。他们还利用父亲赵挺之的关系，四处搜集古代罕见稀有的简帛图书，尽力传抄，积累了很多古籍资料。遇到有人出售古玩字画，两人更是节衣缩食，尽最大可能买到手。有时为了购买文物，甚至把衣物当掉换钱。

有一次，一个人拿着一幅五代著名画家徐熙画的牡丹图拜访赵明诚，开价二十万钱。二十万钱在当时是个大数目，夫妻二人东拼西凑了半天也没凑够数目，只好给人家还回去。因为这件事，两人闷闷不乐了好几天。

可惜好景不长，不久赵挺之就去世了。赵挺之去世后，奸臣蔡京横加陷害，不仅赵挺之追赠的官爵被夺回，全家也受到株连，赵明诚也因此被罢官。之后，赵明诚夫妻就隐居乡下，自食其力，日子过得也还宽裕，如此达十多年之久。

后来，宋朝政府起用赵明诚，他先后担任过莱州和淄州两地的知州。于是，两人又有了足够的经济来源，赵明诚将大部分的俸禄都用来购买了金石文玩。他们每买到一部古书，就共同整理校勘，撰写校勘记；每买到一件文玩，也一起观摩把玩，品评指摘……每天晚上都以点完一根蜡烛为度。这样一来，他们收集到的古籍古玩字画数量越来越多，而且都进行了很好的整理和收藏。

不仅如此，他们还经常从校过的书中找典故，说出典故的出处在哪本书的哪页哪行，以所说对错来决定谁先喝茶。胜了的常常高兴得手舞足蹈，连茶杯都打翻在怀里。

等到古籍文玩收集得差不多了，他们就开始建藏书库分类存放，并编写了专门的目录书。任何人取阅都要登记，如果有涂抹或损坏，还要追究责任，连李清照也不例外。

《金石录》的大部分内容就是这个时候写成的。《金石录》共三十卷，上起夏商周三代，下至五代，著录钟鼎彝器铭文款式及碑文拓本两千余种。全书前十卷为目录，按时代顺序编排；后二十卷为题跋，内容是对这些拓本的考订溯源。这部书是继欧阳修的《集古录》之后，又一部金石学专著，是古代金石学方面的经典之作。

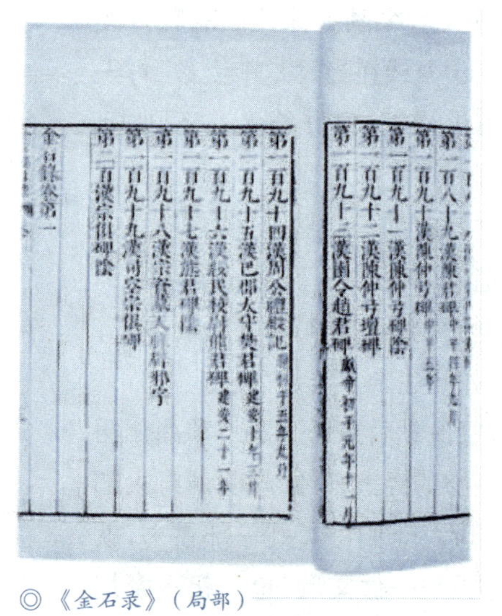

◎《金石录》（局部）

几年后，金人大举入侵，宋朝首都汴京被攻陷，徽钦二帝也成了阶下囚。没多久赵明诚的母亲去世，为了奔丧，也为了躲避战祸，赵明诚举家南迁。南迁途中，大件藏品、水平略次的书画和年代不明的古玩被迫先后抛弃，即使这样，南迁的藏品也装了五十大车。没来得及转移的藏品装满了十间大屋，后来被南下的金兵焚毁。

不久，赵明诚被任命为湖州知州，志得意满的赵明诚抛弃了李清照和他的藏品，独自乘舟南去了。临别之际，李清照问赵明诚如果金兵打到了怎么办，赵明诚吩咐李清照道："如果金兵到了，你就跟着大家一块逃吧。迫不得已的时候，可以先抛弃辎重，其次抛弃衣物被褥，再次抛弃古籍书画，最后抛弃古玩器皿。"

听了丈夫的话，李清照伤心欲绝。后来，赵明诚因病去世。李清照尽管心里不满，但还是遵照丈夫的遗愿，尽己所能保管赵明诚留下的藏品。

常言道"匹夫无罪，怀璧其罪"，一个人身怀珍宝，难免会招来灾祸，更何况一个身处战乱年代又携有大量珍贵文物的弱女子呢？在金兵的节节逼迫下，李清照南渡携去的藏品大半丧失在战火中，之后她辗转逃到南方，好不容易算是有了个落脚地。

当地官员听说赵明诚的藏品在李清照手上，就百般构陷，企图侵吞，李清照也曾因此入狱。当地刁民也与官府勾结，趁李清照不备，偷去大量藏品。李清照百般无奈，只好自己出钱收购被盗藏宝，也只收回少数几件。

端方的收藏故事

都说盛世收藏，乱世的收藏可能不如盛世普遍，但成绩并不逊色，很多收藏大家偏偏就是乱世造就的，比如清末著名收藏家端方。

端方（1861～1911），字午桥，号匋斋，姓托忒克氏，满洲正白旗人。端方为人旷达通脱，不拘小节，尤其喜好金石收藏，是清末著名学者、金石学家，与那桐、荣庆并称为“旗下三才子”。

◎ 端方像

端方生活的时代正是清政府灭亡前夕最黑暗的时候。由于收藏的手段不同于盛世，就发生了很多盛世收藏难以见到的传奇故事。

夏商周三代是历史上的

“青铜时代”，那时候青铜虽然不像后来的铁器用得那么普遍，甚至在数量上都远远不如木器、石器，却代表了当时的最高文明，因而颇受后代收藏家的钟爱。

◎ 毛公鼎

提到青铜器，大家很快就能想到“青铜器之最”，比如史上最大最重的后母戊大方鼎、极为精致的四羊方尊等，但要说到铭文最多的，还得属西周晚期的毛公鼎。

毛公鼎高半米多，重近七十斤，在三代青铜器中并不算大个，鼎上的铭文却达到三十二行四百九十七字之多，是目前出土青铜器中铭文最多的，是国宝中的国宝。

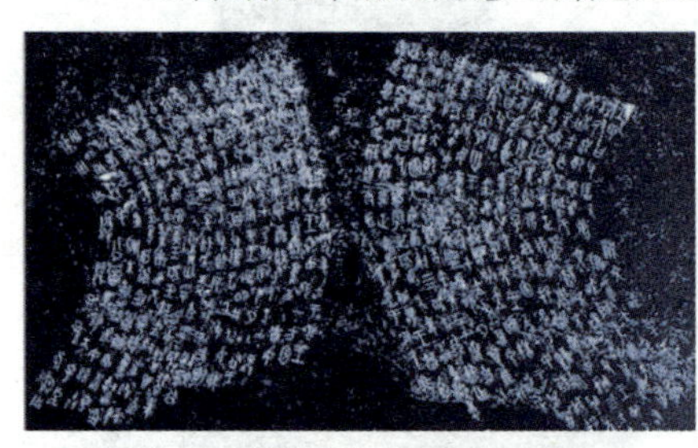

◎《毛公鼎》拓片

端方与毛公鼎之间就有一段传奇故事。毛公鼎出土于 1849 年，也就是清代道光年间。出土地点就在周代的大本营——陕西岐山的周原。毛公鼎是一个农民从自家地里挖出来的，尽管后来经过官府插手，最后还是流落民间。后来一个叫苏亿年的古董商人在一户农民家里发现了它，知道是宝物，就用一匹毛驴把它换到了手，这在收藏史上被称为“毛驴换毛公”。

后来苏亿年把毛公鼎运到了北京城，以一千两银子的价格卖给了时任翰林院编修的陈介祺。陈介祺得到毛公鼎后，就把它藏了起来，秘不示人，直到他去世。

陈介祺死后数年，他的后代因故要卖掉毛公鼎。端方听说了这件事后，立即找到陈介祺的后人联系购买。双方谈定价钱，端方以每斤一千两的价格收购毛公鼎。毛公鼎重近七十斤，花去了端方七万两银子。当时端方任两江总督，有道是"三年清知府，十万雪花银"，七万银子端方自然还是拿得出的。

那时候，端方在收藏方面早已是硕果累累、海内闻名。宣统二年(1910)，为了安置藏品，他特地在北京西山灵光寺修了一座"匋斋博物馆"，镇馆之宝就是这座毛公鼎。

开馆的时候，他特地邀请了当时的社会名流前来捧场，其中有跟他并称"旗下三才子"的荣庆、《清史稿》的作者赵尔巽、光绪爱妃珍妃的哥哥志锐等。大家对端方的藏品赞不绝口，对他能够购得毛公鼎更是羡慕不已。志锐就提出，愿意出十万两银子请端方把毛公鼎转让给他，端方听了哈哈大笑，对志锐说："想要我转让毛公鼎，除非能让珍妃复活，那样我可以分文不要。"志锐只好作罢。

第二年，在奉命"弹压"四川保路运动的时候，端方被起义军杀死。他的后人为生活所迫，将毛公鼎抵押，差点落入外国人之手，后来经叶恭卓等人极力争取，才抢购回来。后来毛公鼎在抗日战争、解放战争的战火中几经周折，险遭抢掠，幸好终于没有流失出去，现藏在我国台北故宫博物院。

端方任两江总督的时候，还发生了一件趣事，这件事使端方收到了一件特殊的礼物——桫木棺。

提到桫木，很多人可能不知为何物；但是说到"阴沉木"，知道的人就多了。很多小说中都提到这种木头，它性极阴寒，做棺材可以保尸体千年不腐。当然，这是小说家的渲染，实际上阴沉木是树木久埋地下，经过长期碳化形成的一种碳化木。这种木头密度高、质地坚硬、不易变形、防虫蛀，而且由于经过微生物的长期作用，往往还会散发出香味来。由于阴沉木质量好，又十分稀少，所以价格极为昂贵，有“纵有黄金满箱，不如乌木一方”的说法。

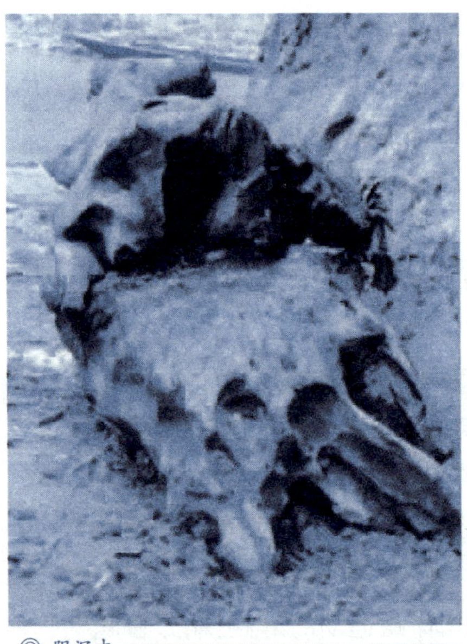
◎ 阴沉木

光绪末年，清政府在南京举办“南洋劝业会”。身为两江总督的端方任会长，郑孝胥任副会长。为了促销，郑孝胥等人想了个彩票中奖的点子，并从妓院中买了几个名妓当奖品。

郑孝胥为了巴结端方，特地帮他买了一批彩票，并从中做手脚，把头奖“美人状元”颁给了端方。这位充当奖品的“美人状元”，就是当时名满秦淮的名妓王克琴。端方闻讯如衔鸡肋，一方面自然高兴，另一方面却怕老婆怕得要死，一时间不知该如何处置这位“美人状元”。

思来想去，他想了个好主意。当时有位名士叫易实甫，对这位王克琴姑娘爱得死去活来，但是无奈家境败落，没钱为她赎身，只好望洋兴叹。端方就决定拿“美人状元”送个顺水人情，以此笼络易实甫。易实甫得到这份“厚礼”，自然对端方感激万分。为了报答端方，易实甫把自己珍藏的一具杪木棺送给了端方。

原来，康熙年间易实甫祖上在四川当官，一次偶然的机会从干涸的河道里发现了一块阴沉木。这块阴沉木被易实甫的祖上拿来做了棺材，剩下一截没用完，又做了一具给儿童用的小棺材。大棺材自己用了，小棺材就作为传家宝世世代代传了下来。易实甫送给端方的，就是这具小棺材。

这个意外收获自然使端方欣喜不已，这具小棺材也就进入了“匋斋博物馆”。

另一个传说，是关于端方与脂砚的。熟悉《红楼梦》的人一定知道“脂砚斋”，“脂砚斋”的名字得自于一方名砚，那就是“脂砚”。而这方脂砚是被端方用一盘棋“赢”到手的。

有一次端方和别人打麻将，其中一个叫赵有伦的屡战屡败。最后输急了，就嚷着要和端方比赛下棋，如果端方输了，就把宋代郭熙画的《溪山秋霁图》转给他；如果端方赢了，赵有伦就把家藏的脂砚让给端方。

赵有伦还故意装作不知道脂砚为何物，只说是曹雪芹写《红楼梦》用过的。端方见多识广，一听就知道可能是脂砚。赶忙让赵有伦拿砚来看，一看果然是脂砚。端方欣喜若狂，当即答应了这场赌赛。

结果当然是端方“赢”了。其实赵有伦别有用心，下棋赌赛为名，变相贿赂为实。端方如何不知？当即心领神会，给了赵有伦一个盐课司的官。

◎ 脂砚

这件事在当时闹得沸沸扬扬，加上端方也确实用过不少不光彩的手段来收藏，有人就写对联讽刺他说：“卖差卖缺卖厘金，端人不若是也；买画买书买古董，方子何其多乎？”联中包含着端方的名字，明眼人一看便知道是在讽刺他。

这方脂砚在端方死后一度不知去向，后来有人得到之后捐给了国家。“文革”时被调出博物馆，从此下落不明。

第三节 祭酒高才辨龙骨，学者借以话殷商
——甲骨卜辞的发现与研究

1899年，是八国联军入侵中国的前一年。这一年的下半年，北京城的古玩界传出一条消息：有人愿意以一个字一两银子的高价，收购刻有字符的“龙骨”！

何谓“龙骨”？“龙骨”实际上就是古代脊椎动物的化石。秦汉时即有相关记载，长期以来它都作为一味中药材被人们使用。据古代医书记载，龙骨产地颇为广泛：从西边的山西、陕西，到东边的河北、河南，从北面的黄河流域，到南面的四川盆地，其中以山西、陕西地区出产的龙骨最为常见。

“龙骨”可以镇静安神，又可以治疗阴虚、生肌疗疮。医书上说，作为药用的龙骨可分雌雄，又有五色：骨骼较细而纹路宽大者为雌骨，骨骼较粗大而纹路细密的为雄骨；颜色五花的药用价值最高，白色次之，黑色又次，黄色的勉强能用。这种药用的“龙骨”因为不是很稀有，所以作为药材使用时卖价并不高，常常是按斤出卖，没什么赚头。

数年前，河南某地的农民常常挖到一些大大小小的龟甲和兽骨，这些龟甲兽骨有的刻有文字，有的还涂有朱砂。他们不知道挖到的是什么东西，就把这些甲骨充当“龙骨”卖掉。因为带文字的甲骨药店不愿意要，所以他们常常是把文字铲掉再卖。后来，发现的龙骨比较多，有人就想拿到京城去卖，希望能卖个好价钱，没想到有人居然以一个字一两银子的高价收购它们。

有人收购龙骨的消息一传出，立即震动了京城。很快，大批龙骨源源不断地被送到王懿荣府上。王懿荣也没有食言，带字的龙骨照单全收，按字付银。

那时候北方常有农民在耕地的时候挖到古董，挖到了他们就把古董送到“估客”——也就是文物贩子那里去卖。有一次，潍县一个姓范的“估客”去河南收古董的时候，发现了一批刻有古文字的“龙骨”。范氏倒卖古董也有年头了，也颇有些眼光。他觉得这些“龙骨”可能不是寻常药材，上面的文字跟青铜器铭文很像，里面肯定有名堂，就特意收购了一批，运到京城。

◎ 王懿荣像

范氏对京城有哪些古董行家心里有数，来到京城，他首先就找到了当时任国子监祭酒的王懿荣。

王懿荣，字正儒，谥号“文敏”，山东烟台人，是当时的古文字研究大家，对三代文字尤其有研究。一见这些刻字的“龙骨”，王懿荣也大吃一惊，知道是上古文字，就花高价买了下来。回去一研究，发现这些文字极为古老，即使是自己，也只能认出为数不多的几个字来。于是，他决定对这些文字作深入研究。

他告诉范氏，愿意出高价请他帮忙收购带字的“龙骨”。范氏有利可图，自然满口答应。于是，“一字一两银子”的消息就这样不胫而走，一时间成了北京古玩界的大事件。

◎ 刘鹗像

结果，不到一年时间，王懿荣就收购了一千五百多片刻有文字的甲骨。正在王懿荣准备对这些甲骨进行深入研究的时候，一场大变故发生了——1900年，也就是农历庚子年，一支由英、法、俄、意、日、奥、美、德八国组成的联军打进北京城，慈禧和光绪帝仓皇出逃到了西安。这就是把中国彻底推进半殖民地半封建社会深渊的“庚子事变”。

八国联军打进北京前夕，身为京城团练大臣的王懿荣见大势已去，无力回天，自杀殉国，他的甲骨文研究事业也画上了句号。

几年后，八国联军撤出北京城，慈禧和光绪返回北京，局势逐渐安顿下来，北京的古玩界又渐渐恢复了往日的繁荣。这时候，连接甲骨文命运的第二位重要人物出现了，他就是晚清四大谴责小说《老残游记》的作者刘鹗。

刘鹗，字铁云，号老残，清末著名的小说家和收藏家，他和王懿荣两人颇有交情。王懿荣殉国之后，他的后代手头拮据，就把王懿荣收藏的一千多枚龟甲转卖给了刘鹗。据刘鹗说，王懿荣所藏的绝大部分文物都转入他手，失却的极少。

后来，刘鹗把这些甲骨全部拓印下来，写成了一部书，叫作《铁云藏龟》，这是关于甲骨收藏和研究的第一部著作。不仅如此，他还第一次提出了甲骨文可能是“殷人刀笔文字”的观点，颇具眼光。

《铁云藏龟》面世后，吸引了很多金石学家和古文字学家的视线，其中就有著名的古文字学家、“甲骨四堂”中的“雪堂”罗振玉。

◎ 罗振玉

罗振玉和刘鹗沾亲带故，两人交情颇深。罗振玉从刘鹗那里得知了甲骨之事后，就对刘鹗所藏甲骨上的文字进行了初步解读。这一解读不要紧，罗振玉发现，这些甲骨文字里面隐藏着惊人的历史秘密，如果能够解读出来，极有可能颠覆对那段历史的传统认识。

不仅如此，他觉得，要彻底弄清这些甲骨的来历，首先必须搞清楚这些甲骨的出土地点。在此之前，学界几乎没人知道这些甲骨来自哪里。有人传言说来自河南汤阴和朝歌，结果人们再去找寻时却一无所获。据说，甲骨的真正出土地只有王懿荣和“估客”范氏知道，他们之间是单线交易，外人毫不知情；也有人说，真正的出土地连王懿荣也不知道。

罗振玉对研究甲骨十分执着，最终找到了范氏，并从他口中问出了甲骨的真正出土地：河南安阳小屯村！得到了这条线索，罗振玉十分高兴。1911 年，他派自己的弟弟罗振常去安阳实地考察，寻找甲骨。

来到安阳小屯村，罗振常发现，这里果然是甲骨的出土地，而且贩卖甲骨的活动历时已久。于是，按照罗振玉的指示，罗振常开始大规模地收购刻字甲骨，给罗振玉带回了一万余片刻字甲骨。这下，罗振玉就成了当时甲骨收藏量最大的人。有了丰富的研究资料，罗振玉的研究开展得更加顺利了。

这时候，另一位国学大师，“甲骨四堂”中的“观堂”王国维也加入进来。两位大师同心协力，研究起来更是加倍顺利。

万事开头难，解读这种前人几乎没研究过的古文字并不是一件容易事。当他们解读出“天干”十字（甲乙丙丁戊己庚辛壬癸）的时候，甲骨文研究便从此打开了一片新天地。原来，最初他们解字的时候，发现几个字出现得特别频繁，其中一个样子特别像今天的“十”字，但是按“十”来解肯定是解不通的。经过反复比照，他们才恍然大悟，原来这个字就是“甲骨”的“甲”字。“甲”字一解出来，天干十字后面九字的解读就顺畅多了。

很快，他们就解读出好几百字。有了这几百字做基础，往下的工作就是整句解读了。解读句子的时候，他们又遇到了难题：很多词是“大”（即‘太’字）、“祖”等常常与天干十字连在一起组成词汇，这些词堆在一块实在让人不知所云。又是一番苦思，他们才搞清楚：原来它们是商代帝王的名字，商代帝王以天干字命名，这就与古史的记载对上了茬儿。

他们不但从文字学、历史学和文学的角度对甲骨文做了研究考证和梳理，而且对甲骨文的书法也下了很大的功夫来研究，一时间，甲骨文研究成了显学。

后来，董作宾、郭沫若等学者也加入了研究行列，成果不断、专著频出，甲骨文研究进入了一个辉煌的阶段。

在甲骨文研究史上，这些学者的名字将被永远铭记：王懿荣，因为首开甲骨文收藏和研究之风，被尊称为“甲骨文之父”;罗振玉(雪堂)、王国维(观堂)、董作宾(彦堂)和郭沫若(鼎堂)四位学者的甲骨文研究代表了新中国成立前的最高成就,因为他们的号里都有“堂”字,所以被称为“甲骨四堂”;陈梦家、唐兰、于省吾、胡厚宣四位大师是新中国成立后甲骨文研究的泰斗,他们被合称为“甲骨四老”。

那么,甲骨文为什么会被刻在甲骨上,它们是做什么用的,为什么它们最后又被集中埋藏起来了呢?

甲骨即龟甲和兽骨,是商代用于占卜的工具之一。商代是一个充满了宗教色彩的朝代,神权高于一切,因此占卜十分频繁,几乎逢事必卜。占卜的时候,需要先在甲骨上面凿坑(不能凿透),然后以火烤灼,根据裂纹(也叫作“兆”)的情况判断某件事情的吉凶。之后再在裂纹旁边刻字,记录占卜情况;事情过后,再记上应验情况。天长日久,数量庞大的甲骨就被积攒下来。由于甲骨是神圣的东西,不能随便丢弃,必须妥善收藏。所以,后来人们发掘甲骨的时候,发现甲骨的埋藏集中而有序。

第三章
藏品的价值与保护

前面我们说收藏是一种“把玩”，说的主要是收藏的娱乐意义和藏品的艺术价值。其实，藏品的价值是方方面面的——既有功利性的价值，也有超功利性的价值——因而，收藏的意义也是多方面的。正是由于藏品有多方面的价值，保护藏品就成了收藏活动的重要内容。

第一节 壁上墨君不解语，见之尚可消百忧
——藏品的艺术价值

藏品的艺术价值不仅体现在藏品作为艺术品本身所具有的艺术价值，也表现在藏家出于对藏品艺术价值的欣赏和陶醉，而对藏品进行的赏玩活动，还体现在藏品的艺术价值对后代艺术的影响。

看一件藏品有无艺术价值、价值大还是小，是一个见仁见智的问题，并没有一个统一的标准。但一些传统藏品门类，比如书画、青铜器、玉器等，它们所具有的艺术价值却是公认的。

一件藏品具有艺术价值，首先它必须给人以美的享受。苏轼在《画水记》里讲了这样一件事：

古代画家画水，多数只是画一些远处的细小水纹，好的画家也至多画得略有波涛起伏，让人看上去产生凹凸不平、似有浪头掀起的感觉，就很不错了；但从品格上来说，也不过比工匠所画技术上高明一些。到了唐代的时候，出现了一位叫孙位的画家，他画水与众不同，专擅长画那些狂涛猛浪，而且水

在山石之间迂曲盘旋，随着山势的变化而变化，堪称神品。

到了五代，著名画家黄荃、孙知微学到了孙位的精髓，画水画得非常好。有一次，孙知微来到大慈寺寿宁院，打算在墙壁上画四幅山水图。结果构思了近一年，也没下笔。突然有一天，他从外面急急忙忙跑回来，很急迫地问寺僧索要笔墨。拿到笔墨之后，他飞快地在墙上画好了四幅山水画。人们来看这几幅画时，觉得画中的波浪奔腾跳跃，好像活了一般，汹涌澎湃，简直像要把房屋冲塌一样。

苏轼有一位朋友叫蒲永昇，是四川成都人，他画的水就颇有孙位和孙知微的风韵，而且下笔神速，转瞬即成。他曾和苏轼一块儿去大慈寺寿宁院临摹孙知微画的山水，一共临摹了二十四幅。每到夏天，他把这些画挂到白色的墙上，立即就会让人暑意全无，感觉阵阵凉风伴随着山泉扑面而来，甚至连寒毛都竖起来了。

人们看孙知微的山水，觉得汹涌的波涛像要把房子冲毁一样；看蒲永昇的山水，即使是夏天，也觉得凉风扑面，寒毛直竖。这就是艺术作品的审美性给人带来的直觉上的快感。常人看来尚且如此，在那些本身就谙习书画的人看来就更是如此了。

越是好的艺术作品，带给人的审美快感也越是强烈；同样，对于那些经过长期练习和熏陶的艺术家而言，同样是一件佳作，由于他们能够发现常人注意不到的美的所在，对美的感受力又远比常人细腻，艺术品带给他们的审美愉悦就比常人更加强烈。很多时候，这种对艺术品的欣赏会转化成挚爱之情，甚至生死相许。

在书画收藏史上，藏家与藏品生死相许的故事有很多，比较著名的有《富春山居图》的故事。

《富春山居图》是元代大画家黄公望最负盛名的作品。黄公望，字子久，号大痴，擅长山水画，与倪瓒、王蒙、吴镇并称“元四家”。他三十一岁才开始学画，后来信奉道教，云游四方。由于长期云游，与大自然接触多，因此他的画往往建立在大量的实地考察和摹写的基础上，形成了奇谲多变又精致细腻的画风，成为元代艺术成就最大的画家。

他七十九岁的时候，应一个名叫无用的和尚之请，开始为他创作《富春山居图》。为了完成这幅画，他开始在富春江一带游历写生。无论是高山云壑，还是激流险滩，哪里有江山胜景，哪里就有他的足迹，一遇到好的景致，他就用随身携带的纸笔把它们摹画下来。这一游历，就是三四年。无用见画还没完成，怕被别人求去，很是放心不下。为了让无用安心，黄公望事先在画纸的末尾钤上了题记和无用的名章。又过了三四年，这幅画才算完成。这时，黄公望已经八十五岁高龄了。

◎《富春山居图》（局部）

黄公望的山水画中有两种技法比较常用：一种是“浅绛法”，就是拿淡淡的绛色作为主色，这种画法比较精细，而且多用皴法，是黄公望的首创；另一种是“水墨法”，就是只用墨色，不用其他颜色，这种画法中皴法用得较少，简洁明快又韵味无穷。《富春山居图》用的就是他最拿手的“浅绛法”，在皴法上用的是他最擅长的“披麻皴”——一种画山水画的技法，因皴纹似披散下来的麻而得名。

《富春山居图》由六张纸连接而成，高 33 厘米，长近 6.4 米，画的是富春江沿岸初秋的风光。画中山水相间，画山则以披麻皴为主，山石间点缀草木房屋，画水则以底色为主，不甚点染；山水相抱，以山形围成轮廓，以江水填充山之间的空隙；画面由近至远次第展开，近景细致入微，远景云峰数点；山、水、草、木、烟、云有机融合，使得画面虽然疏朗却不显得空旷，远处水天相间，再点缀上数个山峰，让人感觉似乎整个富春江山水都被搬到了画里，画面有限而画外之境无穷。

这幅画不仅构思巧妙，意境深远，虚实相生，步步可观，而且集各家山水画技法之长。尤其是“浅绛法”的使用，在这里达到了炉火纯青的地步，被誉为“画中之兰亭”。

此画面世之后，就成为收藏家们梦寐以求的至宝。明代成化年间，它为画家沈周所得。沈周对它十分珍视，特地请人题跋，却不料被那人的儿子隐匿下来，据为已有，沈周后悔不迭。不久这幅画突然出现在市面上，被人高价叫卖，沈周无力购买，只好回去凭记忆背临了一份。后来沈周临的这幅画被苏州一个姓樊的人所得，第二年原本也被樊氏弄到手。樊氏大喜过望，把这两幅画拿去找沈周题上长跋，宝藏起来。

又过了百余年，到了明朝晚期，这幅画被北京一个姓周的人得到。当时的大书画家董其昌对这幅画向往已久，恰好他又与周氏相识，于是三天两头就跑到周家去观赏。后来，董其昌回忆这段经历的时候，感慨地说，每次去周家观画，就如同亲临宝地一样，去的时候两手空空，回来的时候却收获满满；每去一次就享受一次，心情特别舒畅。

后来，经友人周旋，这幅画最终被董其昌重金购得。董其昌得画之后，欣喜若狂，郑重其事地收藏到他的“画禅室”中，连连赞叹“这就是我的老师啊！这就是我的老师啊！”

后来不知什么原因，董其昌把《富春山居图》抵押给了宜兴人吴正志，董其昌死后，这幅画就归吴正志所有了。过了几年，吴正志死了，这幅画又被他的二儿子吴问卿所继承。吴问卿对这幅画的爱惜程度已经到了如痴如醉的地步，平时几乎手不释画，还专门建了一所“富春轩”来收藏它。后来吴问卿染病将死，命家人将《富春山居图》和智永的《千字文》一同焚化，给自己殉葬。

第一天烧了《千字文》。第二天烧《富春山居图》的时候，他先命人酾酒祭画，然后亲眼看着家人把画扔到炉子里。等到火着旺了，他才返回卧室。他的侄子吴静庵趁他不备，奋力从火里把画抢救出来，另投了一幅别的画进去掩人耳目。《富春山居图》就这样被救了下来。

尽管如此，画还是被烧焦了一部分，中间被烧穿。后来人们就把烧焦的一端裁下，所幸的是这段恰好是一段完整的山水，重新装裱后，这段画被命名为《剩山图》，长约半米，现藏在浙江省博物馆；其余比较完整的部分继续以《富春山居图》的名字流传于世，现藏于我国台北“故宫博物院”。

懂得鉴赏，善于发现藏品的艺术价值，进而珍爱藏品，是合格的藏家所必备的素质。但是要注意珍爱的方式方法，如果说唐太宗拿《兰亭序》给自己陪葬尚可原谅，那么吴问卿焚画为自己殉葬的行为就太过自私、不可取了。

藏品，尤其是文物类的藏品，是全人类的共同财富，是不可再生的宝贵文化遗产，藏家在收藏的过程中花费了再多的心血、财力，也不能因此就视之为自己的私人财产。仅仅因为由自己收藏就肆意损毁藏品，这种行为必将受到道德的谴责和法律的制裁。

当我们反观艺术发展史的时候，就会发现：每一次大的变革和进步都是建立在对前人艺术成果学习和借鉴的基础上的，前人已死，我们无法直接从他们那里学到什么，但是他们的艺术成果——也就是藏品，却还存在着。这些藏品就如同圣贤们留下的书籍一般，蕴藏着前辈艺术家们宝贵的心血和艺术成果。

真正高明的藏家，不仅懂得鉴赏和认识藏品的价值，更懂得学习和掌握藏品本身所含的艺术价值，为自己所用、为现代艺术服务，艺术品类藏品的收藏尤为如此。

董其昌就是一个很好的例子。与大部分的书法家不同，董其昌并非自幼喜欢书法。他学习书法是因为一次考试受挫：董其昌从小致力科考，也下了不少功夫，八股文章做得十分精彩。十六岁那年他参加府试，试题是一篇八股文（八股取士都是这个规矩）。董其昌文章写得好，府试自然不在话下。结果成绩出来，他却发现自己屈居第二。

一打听才知道，自己的文章本来应该名列榜首，但是由于字写得不好，被打成第二——那时候八股考试不光看文章写得好坏，字写得好不好、卷面整洁不整洁也是评判标准之一，方正、美观的“台阁体”楷书是当时科举考试的标准字体——董其昌大受打击，从此发奋学习书法，那时他已经十七岁了。

他先是临摹颜真卿的《多宝塔碑》，又学习虞世南。后来他认为唐代书法不如魏晋，于是开始临摹《黄庭经》和钟繇的《宣示表》《戎辂表》《丙舍帖》等。三年之后，他觉得自己书法大有长进，连当时著名书法家文徵明、祝枝山都不放在眼里。

到他二十五岁的时候，在金陵见到了王羲之的《官奴帖》，才知道自己之前是多么狂妄自大，于是失落至极。不过，从此之后他的书法技艺真的突飞猛进起来。

后来他得到了数十卷王羲之和王献之的字帖拓本，手不释笔临了七个多月。这之后因为穷困潦倒，他才被迫把字帖卖了。

董其昌很重视对古人字帖的临习，从十七岁学书直到八十多岁一直如此。他临的比较多的就是《兰亭序》，各种版本几乎都临过，仅见诸记载的就有十二次之多。他临摹古人字帖有几个原则，第一是不仅重形似更重神似，第二是强调按自己的笔意行笔。

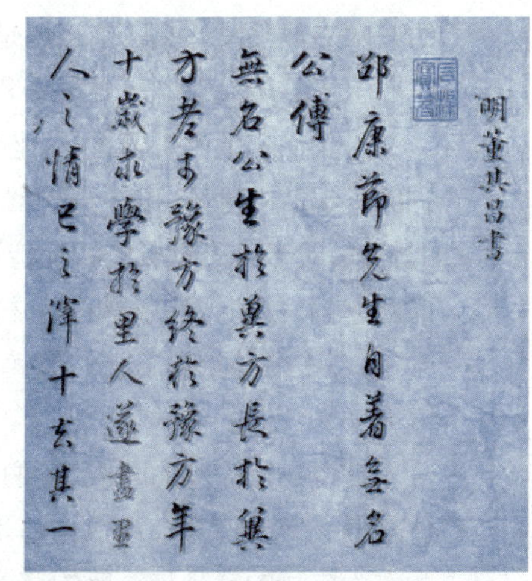

◎ 董其昌《邵康节帖》

可以说，长期用心地临摹古人字帖，是董其昌能够成为一代书法大家的重要原因。有的学者甚至认为，从董其昌书法“淡”“秀”“生”的风格特点看，诸帖中《兰亭序》对他的影响最大，甚至起到了核心作用。

藏品的艺术深刻影响当今艺术的例子古今都有，比如近代甲骨文、金文、先秦简帛文字的大量出土和研究，就曾引起书法界不小的变革。

人们搞收藏，很大程度上着眼于藏品的审美价值；不仅如此，对藏品来说，它们之所以备受青睐，又何尝不是因为它们的审美价值呢？

上海博物馆有一件清雍正年间景德镇产的粉彩蝠桃纹瓶，这个瓶子一百多年前曾被西方列强掠夺到了欧洲。可是，收藏它的人对中国文化不甚了解，并不知道清三代官窑瓷器如何珍贵，只是见它玲珑可爱，就拿它做了台灯座，后来被丢到储藏室的角落里，好在历经一百多年仍然完好如初。

有人说，审美价值高的藏品是“尤物”，很多人为了它牺牲，甚至丢掉性命。其实这种说法是不负责任的——“尤”的是人的贪欲，而不是藏品的美。况且，审美价值高的藏品的确因为美而得到人们更多的宠爱，因而它们存在的时间也的确比同时代那些不怎么美的东西长久得多。

当然，当我们仅仅着眼于藏品的审美价值时，藏品和一般的艺术品似乎没什么区别。但是，除了审美价值，藏品还有着一般艺术品所没有的历史韵味和文化意味。

当我们焚上一炉檀香，围坐于斗室之中，赏玩一件古色古香的青铜器的时候，这件青铜器带给我们的不仅仅是工艺上的美感，更多的是斑驳的铜绿传达给我们的历史和文化信息。面对它们，我们仿佛穿越时空，被带回到最初制作它们的上古时代，似乎能感觉到工匠们浇铸时那一股股扑面而来的烟火气……

在博物馆参观的时候，我们经常能够凭直觉就分辨出一件陶俑、一座青铜器、几根竹简是真品还是仿制品，这正是因为作为文物的藏品与一般的艺术品在艺术价值上是不同的。如果说艺术家是藏品审美价值的创造者，那么时光就是藏品文化底蕴的赋予者。

第二节 沧桑转瞬谁能识，但为春秋纪废兴
——藏品的历史价值

文物类藏品与一般艺术品的不同之处就在于，一般艺术品的价值主要是审美价值；而藏品尤其是文物类藏品，本身既

是艺术品又是文物，因而同时具有艺术品的审美价值和文物的历史价值。

古代文物与社会生活描绘

在谙熟历史的人眼里，任何一件文物藏品都蕴含着当时社会生活的一些信息。

这方面的例子有很多，如著名的《清明上河图》，《中国通史（彩图本）》中如此评论它说，“画中所绘为当时社会实录，为后世了解研究宋朝城市社会生活提供了重要的历史资料”。

《清明上河图》包含的内容十分丰富，在图的后段，有个门头叫作“赵太丞家”。这里的“太丞”和我们通常所说的大夫、郎中是一个意思——即对医生的尊称。

宋代医官制度已比较完备，在中央和地方州县都设有专门的官方医疗机构，“太丞”就是当时医官的官名。王安石变法后，京城和地方又增设了“卖熟药局”等医疗机构，医官制度就更加完备了。

宋朝时人们“官本位”的思想已经比较严重，在他们眼里，做过医官的医生医术肯定是高明的；而医生们也就以做过医官为荣，因此很多药店都以官名命名。其实，以官名命名的医家并不一定就真的做过医官。

后来这种风气越来越严重，宋朝政府不得不在宣和五年发布政令：“禁止市井营利之家以官号揭榜门肆”，同时又对医药行业网开一面，“其医药铺以所授官号职位称呼，自不合禁止”，当然前提是医药铺的官号职位是官府授予的，而不是自封的。

久而久之，“太丞”“大夫”“郎中”就成了人们对医生的专

◎ 东汉说唱俑

◎ 击鼓说唱俑

用称呼，一般来说，南方多称“郎中”，而北方多称“大夫”；后来，人们又把设馆治病的医生称为“大夫”，而把走街串巷的游方医生称为“郎中”。“太丞”就渐渐不用了。

不仅书画类藏品如此，一些出土的偶俑文物也极富历史价值。

提到偶俑，我们最熟悉的莫过于东汉“击鼓说唱俑”“立式说唱俑”，以及秦陵出土的“百戏俑”了。

民俗研究是先秦两汉史研究的重要方向，但是由于秦汉时期距离现在太久远，相关文献又屡遭毁坏，再加上民俗研究在古代不受重视，现在我们能参考的资料实在很有限。

对秦汉俳优的研究就是如此。俳优是古代说唱百戏表演艺人，社会地位非常低下，但是在历史上起到的作用却不可忽视。

关于先秦俳优的人员构成、表演门类的研究材料相当少，只能从少数几本子书和史籍中找到一星半点的记录。这些材料中常把“俳优”与“侏儒”联系起来，所以有人就认为“俳优”主要是由侏儒充当的。其实这种看法是不对的，《史记》中记载，楚国有位叫“优孟”的俳优，就身高八尺，相貌堂堂；从秦陵“百戏俑”等出土文物看，俳优不光是说唱艺人，还有很大一部分是杂技艺人，他们会抛掷飞剑、翻跟头打把式，这种技艺就不是身体残疾的人能胜任的了，这有力地印证了《史记》记载的正确性。

从东汉的“击鼓说唱俑”“立式说唱俑”来看，这些说唱俑的确身材佝偻蜷曲，即便不是侏儒，也是相貌体型异于常人之人。一方面他们身体残疾，不便从事体力劳动；同时怪异的体型和丑陋的相貌本身就招人笑，更能起到娱乐效果。所以，现在学者一般认为，说唱类的俳优可能大部分由侏儒或身体残疾之人充当，但也不是全部如此。

仔细观察秦汉百戏俑中那些翻跟头的偶俑，人们发现，他们往往都是“露点”的；当初发掘马王堆汉墓的时候，考古人员也发现女尸居然不穿内衣。后来学者们才明白，原来秦汉时期不但没有内衣，连裤子都是开裆的，所以才用“裳”——也就是像裙子的下衣——来遮羞。偶俑们翻跟头的时候，头朝下脚朝上，当然就“走光”了。

青铜铭文与历史事件记叙

在古代尤其是商周时代，青铜器主要有兵器、日常生活用具，以及祭祀和感念王赐所使用的器物，而青铜器铭文的主要作用则在于标记器物主人或简要记述器物制作的缘由。在商周青铜器中，史学价值最高的莫过于那些祭祀用器。

中学历史课本中有一个例子，说“五个奴隶仅能换一匹马和一束丝”，而这个例子原文就是西周著名青铜器——“曶鼎”的铭文。

一般认为“曶鼎”是西周懿王时期的东西，它的铭文不仅字数多、内容丰富，而且书法价值很高，主要内容如下。

◎ 曶鼎铭文

周懿王元年六月十六，周懿王在周穆王庙里召见曶（也就是器物的主人），说：“曶！我命令你继承你祖上一直掌管的占卜，赐给你赤市（红带）作为信物。”并让井叔赐给曶铜一钧（即三十斤）。

曶受到周王的赏赐之后感到特别荣耀，回去就拿这些铜铸了曶鼎，作为祭祀父亲的祭器，希望子子孙孙都能珍视它、使用它。

周王为什么要赏赐曶呢？原来在此之前，曶曾向效父购买奴隶。效父派人和曶商谈之后，订立契约：曶以一匹马和一束丝的代价，购买效父五名奴隶。之后，曶派人先后给效父送去了一匹马和一束丝。效父却派人把曶的马和丝退还回来，并在王三门官署重新订立契约说要改用货币交换。曶不服，派人到诉讼官井叔那里告状。井叔了解了事情的前因后果之后，判决说：“王官（曶和效父都是周朝官吏）交易应当使用货币，但是效父违背了这个规定，并且不守契约，因此效父应先给曶五名奴隶，然后赔偿给曶五秉箭；曶按照规定付给效父货币。”于是，曶胜诉了。

后面又追述了一件事：周共王的时候有一年闹灾荒，匡的农夫和家臣二十人抢走了曶的两千秉禾。曶告到东宫那里（非太子称谓，应当是人名），东宫勒令匡交出抢去的粮食和抢粮的罪犯，如果不交出来，将对他施以重罚。匡跑到曶那里磕头求告说：“我现在交不出那么多粮食，愿意用五块地来偿还，如果还不上，我愿意受鞭刑。”

曶不答应，又到东宫那里告状。东宫命令匡不但要还给曶的粮食，还要再赔偿两千秉禾给曶，并以第二年为期。如果限期不能偿还，赔还的粮食要翻一倍。

《曶鼎》记载的两次诉讼，为历史尤其是法律史方面的研究提供了宝贵的资料。

古代家具与起居饮食再现

李白的《静夜思》恐怕是我国流传最广的古代诗歌之一了，主题意思一望可知，但真要追究起细节来，恐怕真没有几个人能把它解释透彻。

就拿“床前明月光”中的“床”来说，对古代家具不了解的人都会认为这个“床”就是现在的“床”，“床前明月光”就是“月光透过窗子照在床前”。

其实不然，古代的“床”实际上是一种坐具，样子跟现在的马扎差不多，构造原理上则跟马扎完全一样；而且，唐代建筑门不透光、窗子很小且糊有窗纸，所以月光是很难透进去的。

李白的另一首诗《长干行》中有诗云：“妾发初覆额，折花门前剧。郎骑竹马来，绕床弄青梅。”如果“床”即是现在的床，那么放置起来肯定是靠墙放，小孩儿怎么能绕着跑呢？当时的情景应该是这样的：女孩子拿个马扎坐在门前，折了一枝花玩；男孩子骑了个竹马，绕着女孩转来转去。

白居易的《咏兴》云，“池上有小舟，舟中有胡床”，如果说是现在的“床”，如何能放进小舟里？

后来的人们把这种“床”——也就是马扎——做得大些，后面再加一个靠背，就成了我们所熟悉的“交椅”。

还有个成语叫作“举案齐眉”，形容夫妻之间相敬如宾、关系融洽。这个成语说的是东汉名士梁鸿的故事。

◎ 明黄花梨圆后背交椅

梁鸿，字伯鸾，东汉平陵人，有才学又有气节，是当时著名的名士。他娶的妻子叫孟光，生得粗黑丑陋，而且力大无比，能够“力举石臼”。孟光也是个不俗的女子，不愿嫁庸俗男子，因此三十多还没出嫁。后来仰慕梁鸿的气节，主动要求嫁给梁鸿，梁鸿也久闻孟光的贤名，就娶了她。

孟光初嫁到梁家的时候，着实化妆打扮了一番。梁鸿看了不但不高兴，还七天不理她。后来孟光卸了妆、去掉首饰，穿上朴素的衣服亲自劳动，梁鸿才转怒为喜。

婚后，两人到了灞陵山中去隐居，夫妻之间相敬如宾。每次吃饭的时候，孟光都会把盛食物的“案”举到眉毛那么高，端给梁鸿；梁鸿也举着端过去，然后才吃。

上面这个故事中，“举案齐眉”的“案”是现在的桌案吗？显然不是。现在的桌案体积较大，四腿较长，孟光固然能“力举石臼”，要稳稳当当地举着一个摆满酒食的桌案来回走，恐怕很难做到。其实这里的“案”是盛食物的托盘，盘底有四个短足，绝非现在的“桌案”。

“举案齐眉”形容的是夫妻之间相敬如宾的关系，但如果对古代家具不了解，很容易就理解成形容孟光力气大了。

第三节 圣贤已死成灰土，弃杖犹得化邓林
——藏品的学术研究价值

藏品是古代文化的产物，它们在学术上的意义不仅表现在史学方面，在思想史和文学史研究方面的意义也是非常重大的。当然，这主要是指文献类的藏品。

我国古代的"丝绸之路"，是连接古都长安和中亚、西亚、欧洲的一条交通要道。在丝绸之路中段、河西走廊的西段，有一个地方叫敦煌。从这里开始，丝绸之路开始分叉为南北两条路。由于位处三岔路口交接之处，敦煌曾经是政治、经济、军事要地和中西文化交汇之地。因此，从魏晋开始，就有很多佛教徒在这里开凿洞窟、雕刻佛像、绘制壁画，从事宗教活动。到了武则天的时候，这里的洞窟数量已经过千，即举世闻名的莫高窟。到了明清时期，由于气候变化和闭关政策的影响，丝绸之路一度沉寂，敦煌也从此变得默默无闻。

1900 年，一个叫王圆禄的道士在这里募化修补佛像，无意之间发现了一个藏有大量经文的密室。这个发现不久之后就引起了世人的注意，敦煌一夜之间闻名世界。这个藏经密室后来被称为"藏经洞"。

在藏经洞中发现的数万件文献材料，包括宗教文献、儒家经典、语言学资料、史籍地志、考古与艺术材料、文学作品，以及天文、历法、医学等科技方面的史料，弥补了古籍材料方面

的很多缺失，文化价值不可估量。

我们现在研究宋代以前中国古代文学所依据的材料，大多数是出自文人之手的“雅”文学；而关于民间俗文学的材料，由于古人认为它们是街谈巷语，不能登大雅之堂，而不被重视，所以留下来的作品很少。敦煌文献中则保留了很多民间文学作品，从题材上看有民间变文、俗词、俗赋等等。

什么叫作“俗赋”呢？我们都知道“汉赋”是汉代最有代表性的文学样式。“汉赋”主要指的是汉代散体大赋，由于是文人所作，文辞比较典雅，内容也比较严正；而“俗赋”顾名思义，就是文辞相对俚俗，甚至错别字词也很多，内容上以娱乐性很强的故事为主。

《韩朋赋》是一篇流行于唐代民间的很有代表性的俗赋作品，讲的是战国贤士韩朋的故事。韩朋的故事在西汉时就出现了，两晋之际干宝在《搜神记》里也曾记载过它。敦煌版的《韩朋赋》不但在篇幅和情节上比前代的故事丰富了很多，在艺术手法和风格上也体现出唐代文学独特的风格，比如说极度夸张的手法和浓厚的浪漫主义色彩。

敦煌的俗赋作品还有《燕子赋》《晏子赋》《丑妇赋》《龙门赋》等，此外还有大量的敦煌词，这些作品都是研究古代尤其是唐前民间文学发展情况的宝贵材料。

除了敦煌文献，上面我们提到的商周甲骨文、金文中也包含了大量古代社会生活的信息，其学术研究价值也是不可估量的。

“甲骨四堂”之一的“观堂”王国维先生被人们称为“中国近三百年来学术的结束人，最近八十年来学术的开创者”，他的治学方法就非常独特，陈寅恪先生总结为“取地下之实物与纸上之遗文互相释证”，“取异族之故书与吾国之旧籍互相补正”，“取外来之观念，与固有之材料互相参证”。

这三句话意思是说，用考古发掘出的材料与我们现有的古籍材料互相印证，拿外国的古书和中国的古书互相印证补充，学习和借鉴外国的观念来研究我国已有的材料。这三条也是现代学者进行学术研究所采用的主要方法。

在“取地下之实物与纸上之遗文互相释证”的研究方面，王国维先生的甲骨文研究成就最突出，很多观点直到现在还被学者们奉若金科玉律。

最近三四十年以来，郭店楚简、云梦秦简、马王堆帛书等秦汉简牍文献的出土，又给学术研究提供了大量新鲜宝贵的材料，引起了学界的研究热潮。其中最著名的简牍之一——上博简，原来就是香港友人的收藏品，后来被上海市博物馆所得，所以命名为“上博简”。

第四节 举世争称邺瓦坚，一枚不换百金颁 ——藏品的经济价值

收藏，尤其是文物收藏，可谓是一项“贵族”事业。之所以这么说，是因为藏品多数是价值不菲的珍宝，要想收集和保有它们，就必须拥有一定的经济实力作后盾。当然，一些藏品种类本身并不是珍贵物品，比如前面提到的沙子、鸟声、梦境等比较“另类”的收藏。尽管如此，积少成多，当这种收藏形成了一定的规模，不仅收集的过程花费的精力和财力会越来

越多，而且如何保管好这些藏品，也是一个很费心思和金钱的事情。

中国古代历来就有厚葬的传统，这种现象早在原始社会私有制产生的时候就出现了。后来，把大量金银玉器、土木偶俑、锦绣衣物等埋进坟墓给死者殉葬的风气愈演愈烈。三代以奴隶为私有财产，与牛马器物无异，也曾大量作为殉葬品，或杀死，或活埋，作为陪葬。这种人殉的行为在商朝特别盛行，到了周朝就少多了，而是改用偶俑代替活人，比以前文明多了。尽管如此，还是被孔子骂道："始作俑者，其无后乎？"

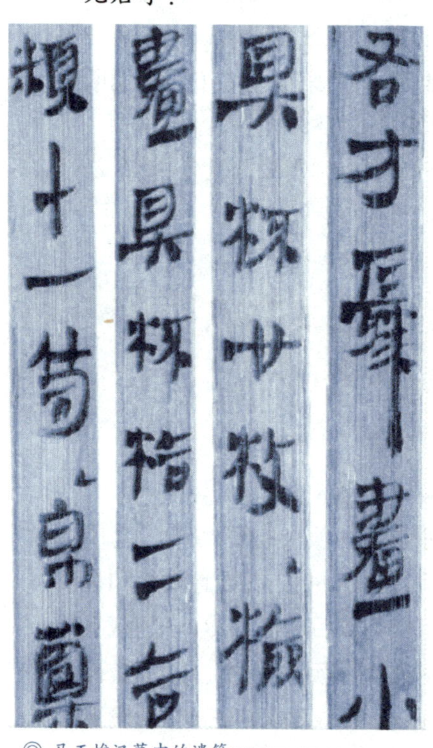

◎ 马王堆汉墓中的遣策

人们为什么要这么做呢？实际上这是对死者的一种尊重和崇拜。古代人认为，人死了并不等于不存在了，死者只是离开了这个世界，去了另一个世界继续生活而已，而且死者生活的世界离天神更近，在那里死者可以与天神直接沟通。所以，尽管他们死了，人们还是会把他生前使用的、喜欢的东西埋到坟墓里，供他以后继续享用；而且还要四时祭祀，以讨得死者欢心，好让他们在天神面前给活着的人多多祈福。

在古代墓葬里，不光有

随葬品，还有记录随葬品明晰的清单，叫作“遣策”。这种“遣策”是干什么用的呢？唐代贾公彦说：“则尽遣送死者明器之等并赠死者玩好之物，名字多，故书之于策。”意思就是说，活人献给死者的玩好之物由于名目比较多，所以列在简册上。说白了，“遣策”就是活人给死人送礼时的礼单，是给死人看的。因此从某种程度上说，陪葬品就是活人替死者收集的死者的“收藏品”。

周秦时代，这种随葬风俗已经制度化了，什么身份的死者穿什么衣服、用什么棺材、随葬什么东西等都有明确规定。秦汉时候出现了一种特殊的葬器“黄肠题凑”，就是拿像枕木一样的柏木榫卯相接，垛砌成墙，构成墓室。这种厚葬方式由于耗费太大，后来就不再用了。

◎ 黄肠题凑

汉代厚葬成风，不光坟墓里要有金宝、玉器、车马、偶俑，地面上还要筑起高大的封土堆，在上面建造宫殿房舍作为祭祀和守灵的场所，甚至还要给尸体穿上“金缕玉衣”，希望能借助玉的寒性使尸体永不腐烂……总而言之，极尽豪奢，导致了社会财富的严重浪费。

三国时期，战乱频繁，民生凋敝，但是这种风气仍然不减。终于到了建安十年，也就是公元 205 年，曹操发布了禁止厚葬的命令，后来又下令禁碑。

曹操是个比较通脱务实的人，他根本不信随葬品能被死者带到另一个世界继续享用。割据混战的时候，为了弥补浩大的军费开支，曹操曾建立专门的盗墓军队，并设立“发丘中郎将”和“摸金校尉”的官职，专门负责盗墓，盗出来的金银财宝和文物全部变卖，充作军费。这么看来，厚葬的风俗倒是帮了曹操一个大忙。

残酷的现实让曹操父子认识到，自古没有不被盗掘的坟墓，哪怕修得再坚固，设计得再巧妙，也终会有被盗掘的一天；如果把用于修建陵墓的钱用在人事上，国家的运作还会长久些，也不至于因为陵墓藏宝太多招惹盗墓贼。

所以曹操一向主张薄葬，他在死前两年就下令说：“古人建坟墓，必然选择土壤瘠薄的地方。我的坟墓就建在西门豹祠堂西面的空地上，因高地建陵，不要封土堆，也不要墓碑。按照古代礼制，有功的大臣死后可以在我的坟墓旁边建坟，以为陪陵。所以，我的墓地要找个宽敞的地方。”临死前他又叮嘱儿子曹丕说：“现在天下还没安定，一切葬礼从简，下葬后就不用再守孝了。命令各地军民不要因为我的死而擅离职守，更加不要在我的坟墓里陪葬金玉珍宝。”

当然，他们说的话未必真去实践。史书记载，唐太宗临死前也说了和曹操类似的话，让儿子为自己薄葬。结果呢，到了五代温韬盗掘昭陵的时候，发现里面宫室宏丽，跟人间的宫殿没有差别。曹操墓是不是也如此呢？2009 年年底，河南安阳发掘出一座魏晋时期的墓葬，考古人员认为这就是曹操墓，但是这种说法遭到了很多学者的质疑。到底是不是曹操墓，如果不是，真正的曹操墓在哪里呢？这还需要考古工作的进一步探索。

那么，曹操为什么又要禁碑呢？先秦时候，用于测日影的华表、拴牲口的石柱，以及竖在墓坑里用来下放棺材的柱子都叫作“碑”，但是这些柱子不是刻字用的；那种用来刻字记功的碑，反而叫作“刻石”，最有代表性的就是秦始皇东巡时的七方“刻石”。

我们现在所指的“碑”,是东汉时才有的。汉代既重家族出身又重师承,很多豪强大族就是靠着这种关系建立起来的。他们中有人死了,他的门生故吏就会主动凑钱刻碑。碑文内容以纪念和颂扬死者的功德为主,东汉末年的大文学家蔡邕就特别擅长写碑文。那时,立碑是一个家族势力、地位和威望的象征。

曹操出身寒微,他的父亲曹嵩又是大太监曹腾的养子,这在重家族门第的魏晋时期不是什么光彩事。尤其在曹操成为一方霸主之后,出身问题更成了敌人攻击他的话柄,甚至有人侮辱他为“赘阉遗丑”,这对他本来就不甚牢固的统治十分不利。

立碑作为一种宣扬家族势力的方式,对曹操的统治有害无益,所以曹操在下令禁止厚葬之后,又颁布了禁碑令。通过这种方式,他可以在一定程度上打击和遏制地方家族势力,加强中央集权。

从此,禁碑令在曹魏政权统治地区一直实行着,西晋政府延续了曹魏的做法,也严格实行禁碑令。这种做法直到东晋才有所缓和。有人不禁要说了,既然曹魏和西晋都实行禁碑令,那么我们现在看到的《曹真碑》《王基碑》等魏碑字帖是怎么来的呢?

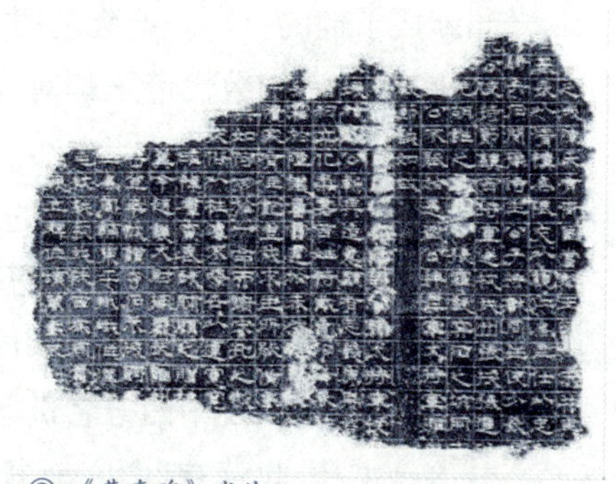
◎《曹真碑》残片

“禁碑”并不是完全禁止立碑,有几种情况还是可以特许立碑的:一种是朝廷对死去的建有大功的官员特许立碑,以示恩宠；一种是地方百姓或门生故吏向朝廷上书，恳请为官长恩师立碑，得到朝廷允可的；还有一种是朝廷为彰显本朝功绩而立的碑，比如魏明帝就曾把其父曹丕的《典论》刻成碑。总而言之，官家可以根据需要随时立碑，而私人必须经朝廷许可才能立。

正因为魏晋禁碑令的颁布，魏晋碑帖流传下来的不多，作为藏品收藏的时候才更加珍贵。

禁碑令只是特殊年代的特殊政策，在绝大多数时候，统治者们对园林陵墓的修建和对文物的收藏都是十分在意的。最有名的要数清代建筑的皇家园林，人称“万园之园”的圆明园了。

圆明园在清代康熙年间还是一处名不见经传的小园林。康熙十八年，康熙皇帝把这个园子赐给了四皇子胤禛——也就是后来的雍正皇帝——并把园子命名为“圆明园”。“圆明”是胤禛的佛号，意思是“品德圆满完备，智慧明达通彻”。

雍正即位之后，对圆明园进行了大规模的扩建装修，圆明园就成了他的行宫。乾隆的时候，对圆明园的建设远远超过了雍正，此后的数代帝王都对圆明园做过不同程度的扩建或装饰。

经过数代皇帝一百多年的不停建设，全盛时的圆明园占地五千二百多亩，有景点一百五十多个。除了集中西、南北建筑之大成的园林建筑外，圆明园里还收藏了大量历代文玩字画、金银珠宝以及中西方名贵器物；园中还建有文源阁和淳化轩等藏书楼，收藏有《四库全书》《古今图书集成》等珍稀古籍和《淳化阁帖》等书帖，堪称当时世界上规模最大、收藏最丰富的博物馆。

1856 年，第二次鸦片战争爆发，清军节节败退，北京城被英法等国联军占领，咸丰皇帝仓皇出逃，前往承德避暑山庄避难。1860 年 10 月，英法联军进攻圆明园，任亮等护园的技勇太监奋力与侵略者搏战，终因寡不敌众，英勇殉国，管园大臣文丰也投福海自尽，联军攻进圆明园。

◎ 圆明园旧迹

攻进圆明园的头一天，法军司令就下令抢掠园中最珍稀的文物，把它们运回法国，献给法国皇帝或藏到法国博物院里；英军也不甘示弱，下令“竭力”取走园中“属于英人之物件”。这还只是抢掠的开始。

◎ 圆明园旧迹

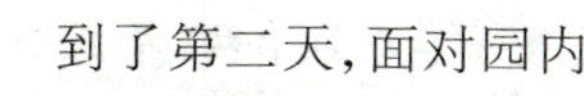
到了第二天，面对园内无穷无尽的珍宝，联军士兵再也按捺不住，开始了疯狂的抢掠。英国人施维何在《1860 年华北战役纪要》中记录了当时抢劫的混乱场面：

“当夕阳西下之时，有联军进园，时为门监多人所阻，乃格斗，杀门监，于是一哄而进，散至各处，见陈设之华丽，器皿之珍贵，俨若一博物苑。及至一室，见一八五六年之中英条约，犹在书案上也。同时法兵则肆意抢夺，遇无数金表，好之者，以手攫之；不好之者，则乱掷之，锵然作响，以为豪举。时联军司令则以为劫掠殊不当。

“及七日（1860 年 10 月 7 日），联军司令忽下令，曰：‘入园劫掠勿禁’。于是英法军官与兵弁，以及中国人，皆杂遝而入，大肆劫掠。无论何人，皆可进园，全园秩序最乱。而各处殿宇，已焚毁不堪矣！时法营即在园前，法人手持木棍，遇珍宝可携者，则攫而争夺之；遇珍宝之大件不可携者，若铜器，瓷器，楠木等，则棒击之，必至齑粉而后快。”

“有英法多人入一室，群聚揭一宝箱，又有多人，群集夺清帝藏衣柜内之衣服，一时纷杂，争夺，毫无官长阶级。而大掠之后，中国人亦杂入抢掠，终日不息。英军既掠而回，有人组织将有价值之古物珍器，收罗而保存之。”

“及焚掠之末日（九日），英军因焚掠事起内讧，盖最初得军令者未尝有所抢掠也；及后得入掠勿禁者，则满载而归。军令不一，人各不平。于是有掠者以九成金之亭赠队长，以为贿；甚有一军官，以所掠最多，恐有损于己，乃独跨马驰安定门而住宿焉。”

“英军长官欲弥缝其变，乃于十一日拍卖所掠之物。来购者塞途，争相买也。一卷古书，可值数两金者，则贱价一元；古瓷器亦一、二元，或数十元不等；结果得二万二千两，及圆明园银库所得，六万一千两，共九万三千两，乃以三分之二偿抢掠者；三分之一偿军官同时有英人，陈设所掠之珍宝古物于古庙若一展览会然。”

参与抢掠的不只是侵略者，还有很多中国人。抢掠之后，为了向清政府示威，英法联军放火烧毁了圆明园。大火整整烧了三天三夜，整个北京城都笼罩在滚滚浓烟之中。不仅如此，园中还有太监、宫女、工匠等三百多人来不及逃出，被烧死在园内。

由于园内藏品的清单账目也已烧毁，侵略者抢走和烧毁宝物的具体数目我们已无法得知。据统计，仅事后从中国匪徒那里查缴的和联军丢弃的宝物就接近一千二百件，而这仅是圆明园藏宝的九牛一毛。当时有很多人专门从侵略军经过的沙土地里筛淘他们散落的宝物，以此牟利。百姓中还流传着这样的话，“筛土，筛土，一辈子不受苦”，仅是散乱的细碎物件就可以让人“一辈子不受苦”，可见圆明园藏宝之丰与损失之巨了。

当时的《泰晤士报》称：“据估计，被劫掠和被破坏的财产，总值超过六百万镑。”现在看来，六百万磅并不是多惊人。如果我们参照一下当时一英镑的购买力，可能了解得更清楚些：《简·爱》一书中简·爱作为家庭教师，一年的工资是二十英镑；达尔文曾在乡下买了一栋大房子，花了两千英镑；1923 年建造温布利球场的时候，仅花了七十五万英镑。而且，被抢走和毁坏的物品中有很大一部分是文玩字画和珍贵书籍，这些藏品的价值都是无法估量的。即便如此，六百万英镑仍是个令人发指的数字。

由于藏品，尤其是文玩类藏品的经济价值惊人，早在唐代就出现了专门从事文玩买卖的商人。经过宋元明三代的发展，到了清代，形成了专门的文物藏品交易市场。当时北京城的古玩交易市场最为发达，由于很多只在夜间交易，是一种地摊式交易市场，所以又被称为“鬼市”。除了地摊式的交易市场外，还有门店式的交易市场——就是通过专门的门头来经营文玩交易的市场。

新中国成立后，尤其是改革开放以后，我国的收藏事业逐渐繁荣起来，藏品交易方式也开始与市场经济接轨。除传统的交易方式外，还出现了邮购交易、拍卖交易，甚至网络交易。

其中拍卖交易是相对比较正式、档次比较高、交易规模比较大的一种交易方式。我国最早的拍卖机构出现在 19 世纪初的上海，是英国人开办的；新中国成立后的第一家拍卖公司是1986年成立的国营广州拍卖公司。

随着社会市场经济体制的逐步完善，我国的拍卖业，尤其是藏品拍卖业遍地开花，很多大型拍卖公司相继成立，并取得了喜人的业绩。与此同时，我国在拍卖方面的法律法规也在进一步健全和完善，为拍卖业的进一步发展提供了法律和体制保障。随着藏品拍卖业的发展，很多经济学家开始对此进行研究，取得了很多成果。新时期的收藏事业也不再仅仅是个人喜好和自娱的方式，而成为市场经济的重要组成部分。

第五节 收藏终恐非吾物，宝剑银钩有时失——藏品的变迁、收纳和保护

正是由于藏品拥有多方面的价值，它们才会为世人所青睐和追求。也正因为如此，才发生了那么多关于藏品变迁和保护的故事。

传国玉玺

每朝每代，最高统治者都有象征最高权威的玺印，在我国历史上，就有一块玉玺流转千年，扑朔迷离，至今仍为一段悬案。这块玉玺就是传国玉玺。

《韩非子·和氏》中记载过这么一段故事：

公元前689年，有一位老人在楚山脚下痛哭。他哭得惊天地泣鬼神，足足哭了三天三夜，最后哭出了血泪。楚国轰动了，人们纷纷跑去围观，国君也派人去询问事由。老人说，他怀抱一块美玉，然而两次献玉都被小人陷害，遭到刖刑，双足都被砍断了。围观者于是劝慰他说，献宝被逐的人有很多，你又何必如此痛心。老人停止了哭泣说，你们不知道啊，这是一块璞玉，是天底下最好的玉石，谁要是得到了它，必定能得到天下。

楚王听说之后，收留了老人，接受了这块石头，并派玉工把石头凿开。只薄薄地凿开一层，精致细腻的美玉便露出了一角。楚王果然从未见过如此美丽的玉石，于是用老人的名字卞和来给玉石命名，这就是大名鼎鼎的“和氏璧”。

关于“和氏璧”之争，有两个比较著名的故事——“完璧归赵”和“渑池会晤”。楚国的美玉“和氏璧”是如何到赵国手中的，其间细节不得而知。但最初在楚国，这块玉璧并没有受到足够的重视，它在楚国宫殿中静静地沉默了几百年，后来被楚王送给了一个国相。几经流转，它被赵国人得到。

秦王嬴政听说了玉璧的奇美，便想得到它，尤其是听说得玉便得天下的传闻后，想方设法从赵王手中骗走玉璧。接下来就是蔺相如“完璧归赵”的故事了。蔺相如果然不负赵王的厚望，有勇有谋，在秦王大殿上以身护宝，最终秦王的诡计没能得逞。一计不成，再生一计。秦王又搬出了“渑池会晤”的把戏，想在会谈中好好地损损赵王，结果没想到聪明的蔺相如又将了他一军，令他自己也容颜扫地。这个时候秦王手下重提用城池交换玉璧之事，傲慢地说要赵王用十五座城池当成秦王寿礼。蔺相如马上说，那就请秦王用都城咸阳当成献给赵王的寿礼吧。玉璧终于被保护住了。

然而赵国毕竟弱小，当秦王统一六国的大军兵临城下时，赵王自知无力抵抗，便只好令人把自己捆起来，带着那块玉璧，跪在城门口迎接秦王。这样，玉璧最终落到了秦王的手中。

秦王嬴政是个野心勃勃的人，也比较迷信，因为献璞老人的预言，他对美玉非常重视。于是他开始着手建立帝制，其中就有一项是制作国玺。

玉玺的材料当然是这块精美绝伦的“和氏璧”。秦始皇命令玉工王孙寿，根据这块美玉的尺寸大小，制作了一块四寸见方的玺印。这是有史以来最大的一块玺印，正合始皇的心意。他命人在玺印上刻上了“受命于天，既寿永昌”的字样，由当时书法家李斯书写。玉玺的造型是璃虎盘踞，象征神圣的璃和代表威力的虎，将秦始皇唯我独尊的气势表现得淋漓尽致。

然而得到了美玉的秦朝并没能够千秋万世地坐拥天下。秦王当上开朝皇帝之后，玉玺具有了无上的权威，成为最高统治者意愿的象征。于是，从它的诞生之日起，它就注定要经历无数的争夺，见证争权夺利者的疯狂面目。

◎ 蔡平仲本 传国玉玺印文“受命于天既寿永昌”

据说秦始皇在南巡时，随身带着玉玺，曾有一次掉进了太湖中，后来又有神仙拾回还给了他。但这显然是比较神奇的说法，具体有几分真，史书也没有记载。始皇死后，胡亥继位不久，短命王朝就匆匆结束了，而这块玉玺则被始皇的孙子子婴当成归降礼物送给了刘邦。

刘邦得到玉玺自然非常珍视，在他建立汉朝之后，这块玉玺便成了“传国玉玺”，他也想让子孙后代永远传承下去。

这块玉玺身价越高，窥探的人就越多，在汉朝的几位帝王承接过程中，就经历了连连波折。到了西汉大势已去之时，还发生了一件“太后掷玺”的事情。当时王莽很想得到玉玺，他的目的很明确，要篡位自立。身为姑母的太后，当然不能轻易交给他，于是在迫不得已的情况下，她将玉玺扔到地上，打算玉石俱焚。没想到玉玺并没有碎裂，只是崩掉了一个角。王莽拿到之后狂喜不已，但发现缺了一角之后又着实苦恼了一番。后来，他去找了个工匠，用黄金镶补上了。

到三国时，讨伐董卓的长沙太守孙坚，在带兵进入洛阳时，发现了一口古井。这口井中有五色雾气地缓缓升起，到了晚上颜色竟然更加明亮。孙坚听到后，赶紧跑过去察看，派人下井之后，捞出来一块玉玺，有一个角还是用黄金镶补的。孙坚早就听说过传国玉玺的样子，他断定这个应该没错，心中窃喜。然而，这件事被袁术知道了，他绑架了孙坚的妻儿，逼他交出玉玺。孙坚无奈之下只好交出，而他也因此招致了杀身之祸。

三国纷争，最终归于曹魏，传国玉玺随之辗转到了西晋统治者手中。然而，朝代更迭总是难免战祸，玉玺也在经历了几代风波之后，在唐五代的烽火中销声匿迹。此后虽然代代都有人称找到了传国玉玺，却无一不是假冒伪劣之作，只是为了讨好当时的君王罢了。

斯坦因与敦煌

英籍匈牙利人斯坦因，在西方考古学界很有盛名，然而对于中国人来说,他何尝不是一段耻辱的代名词。他因敦煌而闻名,敦煌因他而受伤,在它们中间,还有一个愚蠢的王道士。

王道士名叫王圆禄,是麻城人,兵荒马乱中为了谋生,四处逃难。他先是在军队中充当小卒,后来加入了道教,道名"法真",一路到了新疆。

他不想再漂泊,打算找一个地方安顿下来。机缘巧合,他来到了敦煌,看到莫高窟的圣境之后,决定在这里定居。于是他张罗盖了一座寺庙,在此布道修行,这就是后来的"下寺"。

1900 年 6 月 22 日这一天,王道士像往常一样招呼道童们收拾洞窟。就在这琐碎的杂活中,他打开了一扇古老的大门,敦煌,就这样展现在了众人的面前。

王道士拿了几卷古书去找敦煌知县,这个末代父母官完全没有把这当回事,他甚至有些不耐烦,只想尽快打发走这个精瘦的老道士。

◎ 王圆禄

王道士碰了一鼻子灰,他是个半文盲,自己也看不懂这些古书写的到底是什么。为了起码捞到一点好处,他开始零零散散地把这些古书卷送人,换点人情和微薄的收入。有一个叫叶昌治的苏州人,他是个金石学家。他不知从哪儿看到了一份敦煌书卷,一下子谨慎起来,上书建议把这些文献保护起来,或者运回京城。

然而,当时的清廷自己的性命都顾不及,谁也不想管这事,而且运费是个不小的数目,谁都不想出这笔钱,于是就下令就地封存。

封存是封存了,消息却散播开了。英籍匈牙利人斯坦因正是在这个时候听到风声,赶路中的他决定改道敦煌。

1907 年 3 月,他带了一名中国翻译来到了莫高窟。斯坦因不懂汉语,如果不是翻译在中间周旋,他绝对不可能如此顺利地盗走大批文献。

这个翻译叫蒋孝琬,因为他鞍前马后、伺候周到、服务到家,斯坦因在回忆录中还尊称他为"蒋师爷"。

两个人首先找到的是敦煌知县,有意无意地探听敦煌内情。随后进行了两次实地窥探,5 月 21 日,他们终于见到了王道士。

令他们失望的是,王道士闭口不言洞中详情,只是不冷不热地招呼他们上香拜佛。斯坦因在回忆录中说,"这是一个孤傲的、忠于职守的人"。

垂头丧气的两个人回到住处一合计,认为就此放弃实在太可惜,还是等待机会慢慢来吧。蒋孝琬比较清楚当时的国情,他认准王道士是一个突破口,于是建议斯坦因先跟道士套套近乎。

斯坦因对"师爷"的话当然深信不疑。两个人于是假装对王道士信仰的宗教非常

◎ 斯坦因

感兴趣，好几次要去寺中参观道教仪式。王道士看着这样一个鹰钩鼻深眼窝的外国人，居然能对自己的宗教事业如此崇拜，显然被迷惑了。他虽然无知，但也算是个虔诚的信徒，于是斯坦因的第一招奏效了。

王道士对他们放松了警惕，在蒋孝琬的周旋下，他决定让这个外国人见识一下洞中的壁画，只是拍拍照参观参观，不会有什么损失。而且他认定这个斯坦因跟他一样，对待他信仰的宗教非常真诚。因此，这么做不过就是满足一个同道中人的好奇心罢了。

他显然上当了。斯坦因的目标根本不在这些壁画，他想得到的是那些蒙着厚厚灰尘的古书卷。这次参观让他的盗取之心更为急切，回去之后他跟蒋孝琬苦苦谋划，该如何打动这个胆小谨慎的老道士。

蒋孝琬不愧是“师爷级”的人物，他再一次发挥了八面玲珑的看家本事。连哄带骗，威逼利诱，王道士彻底钻进了他们的圈套。这一次他们借用了唐三藏取经的噱头，极力渲染自己如何崇拜三藏法威，王道士虽然对佛教所知不多，却同样对唐三藏西天取经的事业奉若神明，因而再一次轻信了斯坦因的诡计。

当敦煌文献的大门在斯坦因面前打开，这个贪婪的域外学者两眼放光，一颗心再一次狂乱地跳动起来。在这高达十英尺（约3米），整整五百立方英尺（约14立方米）的手稿堆中，他用了三十七天的时间任意挑选，还要假装不在意地将挑选出来的部分文献交回王道士手中，以防道士发现这些文献的珍贵。

最终，他只花了四十块马蹄银（大概二百两白银）便驮走了一万多卷六朝至宋代的经卷、写本。另外，他还带走了五口装着五百多幅绘画、绣制品等文物的大箱子。

然而，这并没有令斯坦因满足，几个月后，他再次派“蒋师爷”带人潜回莫高窟，又骗走了两百多捆手稿。

1914 年，贪婪的斯坦因第二次来到敦煌，这里遗留的珍贵文献使他难弃贪心。这一次，他又骗走了四大箱经书。据说，次年当他的骆驼队驮着沉重的经书走在沙漠边境上时，由四十五头骆驼组成的长长的队伍，远看去就像一列火车。

故宫文物南迁

抗战时期，在全国上下集中力量跟侵略势力做斗争时，有这么一群人，他们为了保护故宫中的百万文物，进行了一场特殊的战斗。

“九·一八”事变后，北平告急，全国告急。假如北平沦陷，故宫中的珍贵文物便会遭遇空前的灾难。令人震惊的是，这个时候，居然有人提出申请，希望拍卖这些文物，用拍卖所得来购买飞机。一石激起千层浪，提议马上被驳回，爱国爱文物志士奔走呼告，要求政府及时动员各界力量保护这些历史遗产。最终，在各界人士的努力下，拍卖的事情被压了下去。同时，这件事也迫使政府做出了尽快转移文物的决定。

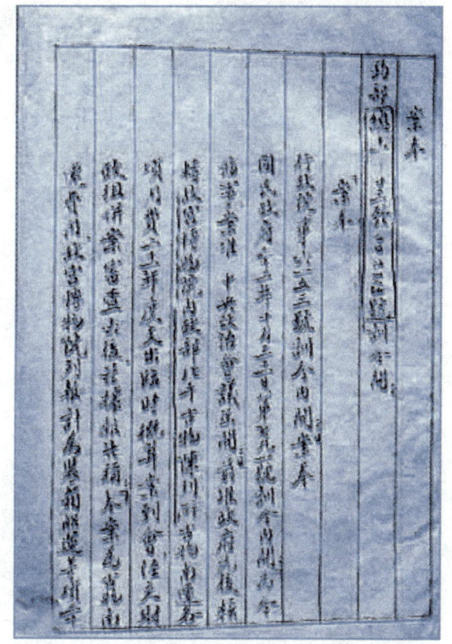

◎《故宫文物南迁令》（局部）

决议一出，北平各阶层

人民都表示反对,他们还上街游行,表示要跟国宝共存亡。但形势危急,最终这项决议还是被执行了,当时的行政代理院长宋子文下令,要将国宝装运南迁,还向各界表示,等到北平形势好转,便将国宝送回。

1933 年 2 月 5 日,当夜幕深沉,北平全城戒严。故宫中的文物精品被分装成一万三千多个木箱,由军队护送上了专列。

据说,在装运时,负责文物保护的工作人员碰到了一系列难题。首先就是包装问题。因为大部分文物都是易碎品,必须小心轻放。然而当时的物资比较匮乏,一开始设想用棉花和旧木箱,由于质量不行被彻底否定。人们只好临时决定量好尺寸后,按规格制作一批新的木箱,旧棉花不能用,只好找别的代替。在这个过程中,有人想到了景德镇给京城运送的瓷器贡品。于是大家将还未开封的贡品打开,实地学习如何装运。这个方法果然奏效,易碎文物用棉花隔开之后,被放入木箱,空余的空间全部用棉花塞紧,这样火车一般的颠簸都不会伤害到器物。

在火车上迁徙的文物并没有具体的目标,漫无目的地行走在向南的铁轨上。快到浦口时火车停了下来,然而具体运往哪里,当局还没有决定好。这些文物便只能在铁路上栖息了一个多月,其间由军队日夜保卫。之后上级下达命令将这些文物先迁往上海保存,同时在南京开始扩建朝天宫,专门用来存放国宝。四年之后朝天宫竣工,国宝们才终于有了一个安身之处。

然而,国宝身上的灰尘还没来得及抖落,抗日战争全面爆发,北平被日军侵占,上海也形势危急。准备撤往西南大后方重庆的南京国民政府又下达了文物西迁的命令。于是这一万多箱国宝再上颠沛流离的舛途。

当局很清楚这么一大批文物，要全部撤离是非常困难的，所以决定分成三路，先尽快离开南京，等安全撤离之后再寻找会合的机会。第一路护送八十箱古物，运往长沙，暂时寄存在湖南大学图书馆。然而，刚到长沙不久日军就轰炸了长沙，工作人员接到迁往重庆的通知后，马上撤出长沙，没几天湖南大学图书馆便被炸毁，国宝们总算逃过一劫。第二路从长沙出发由水路往上游到达汉口，一路还算比较顺利。第三路携带国宝数量最多，足足有七千多箱，转移方向是北上至宝鸡，这也是路途最远、风险最大的一条路线。

◎ 故宫文物南迁装箱

由于计划的路线是要翻越秦岭，当时是冬天，山里面雪很大，路非常不好走。第三批文物运出之后，秦岭地区下起了很大的雪，路全部被雪封住，人车无法行进。护送人员决定停运一天，就地休息。谁知雪越下越大，前后又荒无人烟，大家没有粮食准备，只好在附近唯一的一家面铺吃面。小小面铺根本供应不了这么多人，又面临断粮的危机。于是又派人冒着风险回去通报消息，同时运来口粮，部队最后终于顺利完成了任务。

文物的南迁工作并没有结束。1948 年 12 月，解放战争即将胜利，国民政府计划撤往台湾，于是下令将百万国宝挑其精华运往台湾，这个决定遭到了当时故宫博物院院长马衡的反对。他不能公然对抗不予理睬，就以生病为由拒绝南下，还在装箱的过程中极力强调文物的安全，尽可能放慢装箱速度。在战争形势最紧迫时，马院长还下令封锁故宫交通，最终这些

◎ 故宫文物南迁途中

精选文物一件也没能离开故宫。

然而，仍有两千九百七十二箱文物被运送到了台湾。当时，这些文物被分成三批，在南京的码头被运上军舰和商船，经历四五天的颠簸到达台湾。在台湾又等待了将近两年，才有了一个暂时的安身之处。1965 年，我国台北“故宫博物院”落成，这些历经磨难的文物才最终安定下来。

故宫文物南迁过程艰辛，可谓另一种形式的长征。新中国成立后，尚在大陆的国宝又回到了故宫，另一部分则在海峡对岸与之对望。

第四章

收藏中的作伪

模仿是人的天性，孩童在不谙世事时总是对大人行为进行模仿，人们学习知识的过程，也是一种模仿。模仿是接受经验的基础，虽然不易察觉，但确实存在。

作伪其实也是一种模仿，只不过这种模仿的动机各有不同，而动机不同，所采取的方法也就不同。尽管拟古与作伪有高下之分，但赝品价值的高低还需要我们辩证地看待。

第一节 近来好事工作伪，片瓦辄欲夸香姜——作伪的出现

作伪是作伪者们采用各种手段、各种工艺，模仿历史上流传下来的精华事物。它体现的是对模仿对象的一种认同与追随，它可能有难以启齿的利欲机制，但又大量存在着纯粹出于学习目的的人，有一小部分还是出于其他个人目的而刻意精工仿造。所以，看待作伪，要从其动机、目的和获利等方面综合考虑，不能全盘否定或全盘肯定。

自夏商周三代以来，我国每朝每代都存在模仿前人工艺的制作，尤其是对某时期最为出色的艺术精粹进行模仿，似乎已经形成了一种惯例。比如，商周时代的青铜器炉火纯青，已经到达艺术的高峰，于是晚出的朝代便竞相模仿，几乎每一代的朝廷都会专门设置仿制商周铜器的机构。

这种现象在复古热潮高涨的时代则更为突出。在清代，封建制度走到了总结阶段，各种文化于是也进入总结阶段，复

古虽然并未形成明显的思潮，却几乎每一个艺术领域，都有过一两次仿古热潮。比如玉器工艺，乾隆时期有一个仿古玉艺高潮。当时的著名玉工姚宗仁虽然地位卑微，却因为世代为玉工，家庭熏陶使他对各时代的玉器工艺相当熟悉，仿古技术堪称一流。正是靠这种巧夺天工的手艺，他获得了乾隆的赞誉，乾隆甚至要为他立传。

◎ 仿古玉盒（乾隆时制）

其实对于真正技艺高超的人来说，“作伪”这种说法可能略显逆耳，他们更愿意说自己是在“仿古”，因为他们的目的是对精粹文化的追随。清代文人邱光华的《晚晴簃诗汇》中有一首短赋，就是为一块精美的“太史砚”而作。这块砚石非常的漂亮，而且追随太史叱咤文坛多年，对于文人来说，是具有特别的意义的。有人花了一大笔钱购买了这块太史砚，然而却做着巧偷豪夺之事。诗人说“近来好事工作伪，片瓦辄欲夸香姜”，当他仿作出了一块同样精美的砚台，便觉得真真假假都已无所谓。因为东西的价值是因人而不同的，虽然这是个伪作，但自己仍然觉得它精妙无比，珍贵异常。

从这首诗赋中大概得以窥见一点作伪者的心态。有文化追求的人，他们喜欢作伪，只是自己的爱好使然，跟利益勾当无关。他们伪造出来的作品，也大都由自己保管，作为一种玩物，而不是拿去骗人骗财。

尽管如此，不得不承认，古往今来，以此牟利的作伪者还是大批地存在着的。他们占据了大半作伪领域，并且常常掌握最先进的技术，往往能有完美的仿制品产出。如今，收藏市场的火热程度与以前有过之而无不及，更是催生了一个又一个专业作伪集团。但是，我们仍然需要谨慎对待，毕竟赝品也有赝品的价值，有它相应的市场。

第二节 谁云攘攘皆为利，世间尚有米元章——作伪的动机

人们出于什么动机而作伪？这个问题可以简单地归结于两个方面——名或利。那么，究竟为的什么名，又为了多少利呢？

慕古

慕古心态，向来是中国人和中国文化的一大特征。孔子就说过“述而不作，信而好古”，意思是他崇尚古老经典的东西，所以平生只要整理旧典就够了，不用再去创作。事实上，他花费毕生精力试图恢复周礼，也可称得上是一种慕古和复古吧。

对经典的崇拜与模仿，在文化人类学的角度来看，可以说

跟早期国人的生产方式以及由此而形成的思维方式有极大的关系。因为我们是一个历史较早的农业国家，小农经济的最大特征是自给自足，四季循环，年复一年。这种依赖耕种经验的生产方式，深刻地影响了耕种者的思维方式，逐渐形成了对生产经验的崇拜与模仿，由此便具有了崇古及仿古的潜在特征。

我国的书画作伪发轫于魏晋南北朝时期，从这一时期书画作伪现象的产生及流行，可以一窥作伪者的心态。

魏晋及南北朝几百年的历史，可以说是华夏民族非常特殊的一段时期。这个时期的玄学超越了儒家思想而占据社会主流地位，这就好比现在的非主流逐渐成了主流。那时候士族实力雄厚，很多士族的家学底蕴都非常深厚，名流多，学习名流的更多。在《世说新语》中，可以找到很多有趣的小故事。比如《雅量第六》里就讲了这样一则小故事。

豫章（今南昌）太守顾邵是顾雍的儿子。邵在南昌死亡，彼时雍正跟一群僚属们下围棋。送信人来，他打开一看，并没有儿子送来的书信，虽然神色不变，心里却都明白了。用手指掐着手掌，血流到座席上把坐垫都染红了，仍不动声色。等到宾客都已散去，才喟然长叹说："我既然没有延陵（吴国公子季札，去了趟齐国回来得知儿子死了，没有过多的悲伤，只是简单地安葬了他）那么厉害，又何必像子夏失明（子夏因为儿子死去而哭瞎了眼，被曾子批评）那样遭到罪责呢？"说完之后才舒了一口气，恢复了脸色。

的确，魏晋人好面子，"雅量"说的就是忍，不过故事中的顾雍还是没忍到家。正因为有这样一种风气，一旦有社会名流出现新奇动作，竞相模仿者不亚于现在的追星族。

这种模仿现象在书画领域得到了高水平发挥，当时就有

“新渝惠倏，雅所爱重，悬金拾买，不计贵贱”之说。一些书画名士的作品被其崇拜者拿来临摹，从而产生大批摹本、赝本。虽然这些临摹者主要是为了学习和模仿名家的笔法，并不一定故意作伪，却在客观上造成大批仿作和赝品的出现，一旦被牟利者利用，便给鉴定带来很大困难。

当然，的确存在这样一些名家，他们本身便有嗜古的倾向，比如米芾据说就是嗜古成痴。他们具有极为扎实的基本功，把能摹仿古代名家的名作当成自己技艺精湛的实证，而且经常摹仿，创作了很多摹古之作。这些名家的慕古之作后来也成为市场上炙手可热的藏品。如今，张大千、吴湖帆、谢俨少等名家的慕古之作就常流入市场，往往一露面便被疯狂追捧，这当然是因为他们就是名家的缘故。

即使不是名家，也可能摹古技术一流。《太平广记》记载：

王羲之曾给穆帝上了一份表，虽然书写随意，笔法却非常精妙。穆帝于是让人找到颜色相似而长短宽都跟表相等的纸张，让张翼仿效而写，几乎一毫不差。穆帝在后面写上自己的答复送回给王羲之。王羲之一开始没有察觉出来，后来仔细端详才发现是盗版，于是长叹说：“被小人拿来以假乱真了！”可见当时模仿技术到了如何出神入化的地步，甚至连王羲之本人都分辨不清。

真迹与仿作的混乱局面，虽然造成了鉴定的困难，但同时也推动了鉴定学的发展。比如在《答陶弘景书》中，就有梁武帝萧衍鉴定王羲之笔迹的语句：“逸少书无甚极细书。《乐毅论》乃傲粗健，恐非真迹。《太史箴》如复方媚，笔力过嫩，书体乖异。上二者已经至鉴”。

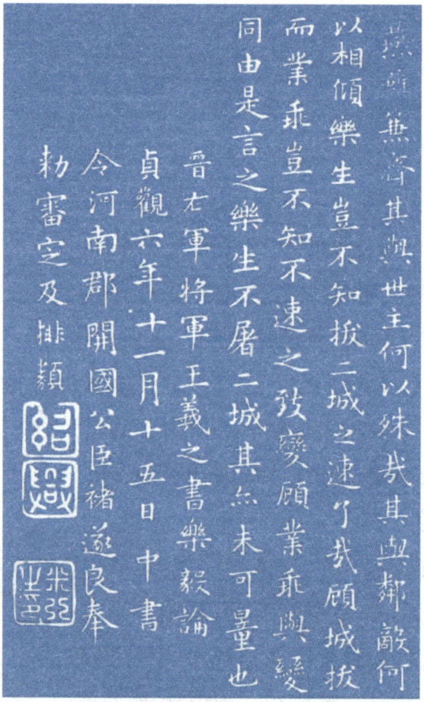

牟利

模仿名家作伪可能仅仅是出于一种学习心态，是追名的表现，然而对于某些刻意作伪者来说，“名”可能已经不是追求的目的了，他们的目标是“利”。

对于逐利者，利越多越好，没有上限，所以作伪的数量与技术也是与日俱增。从书画作伪的历史进程来看，魏晋南北朝是发轫期，此后经历两个高峰，一个是宋代，一个是明清。由此可见，商品经济的发展是推动作伪发展的一大动力因素，关键就在于市场需求的扩大。

◎ 王羲之《乐毅论》褚遂良摹本（局部）

宋代开始，历史走向文人治国的时代，文人地位抬高，文人风气便影响全国，产生了一大批附庸风雅的官员和商人。这一方面是由于儒家文化中的崇文素质，另一方面也跟慕古心态有关。虽然有慕古之心的只是一部分人，但由此而生的市场需求却催生了一大批作伪者。

作伪一般成本较低，如果掌握了技术，成功复制名品便能获得丰厚的回报。

作伪的回报与其成品质量成正比，如果作伪技术高明，连专业的鉴定家，甚至被仿者本人都不能成功分辨出真假，那么对市场上没有专业水平的购买者来说,他们就非常容易上当受骗了。广东曾经出过一个规模很大的"文物走私案",当时海关请了几位文物鉴定专家来鉴定截获的走私物。专家经过鉴定给出的答案令人吃惊:这批瓷器是明清时期成品,国内罕见的珍品,其中还有国家一级文物。

然而当海关顺藤摸瓜找到卖主,却发现卖主家中还有一批"清三代官窑瓷器"。工作人员问他这些从何得来,卖主却不慌不忙说是自己仿制的。直到亲眼看见卖主家一批尚未经过烧制的器物后,海关工作人员和文物鉴定专家才相信那些果然是仿制品。可想而知,连专家都无法辨认的高仿品,一旦被充当真品贩卖,卖主的利润就不只是百分之几百来计算了。

高精仿品相对来说是不太容易制造的,因此在市面上流通的更多还是低仿品。当然,低仿品也有低仿品的价值。比如,现代人追求室内装潢设计的高档精美,即使不为收藏,也喜欢在家中摆设一些有品位的书画和器物。真正的名家作品一般人肯定是消费不起的,这个时候低仿品因为价格低廉就很容易占领市场。俗话说,哪里有需求,哪里就有供应,甚至有圈内专家坦言:"假画比真画更有市场。"

浙江的一家画廊宣传资料上就出现过一个价目表,非常明确地标注了"高精仿近现代名家大师书画精品价目"字样。其中像启功书法的仿作,根据尺寸有三百元和五百元两种,而其题匾则一千元至一千五百元不等。宣传资料中还声称,其仿作质量"非顶级鉴定家"是不容易辨认的,以此吸引一些有此需求的消费者。

近年来,收藏鉴宝形成了一股热潮,真品和赝品都拥有着自己的市场。跟真品相比,赝品的价值回报有时更能说明问题。有人统计,张大千款的"仕女"精仿品能卖到一万元,而

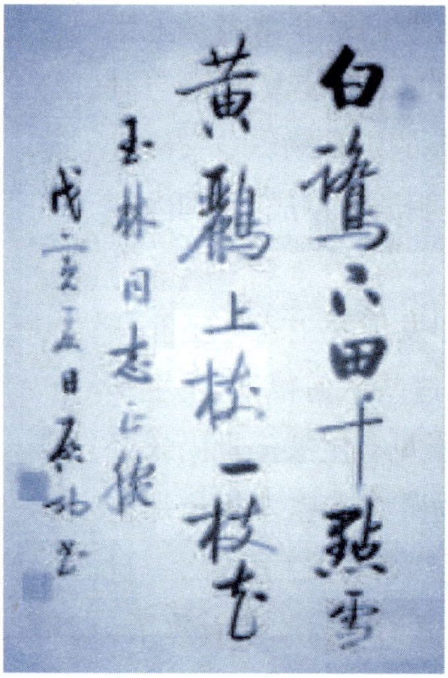

◎ 精仿启功书法

高仿的所谓“老冲头”(就是旧仿的书画作品)甚至跟真品价格相差不远。在古钱币市场中,还有赝品比真品价更高的情况发生。

有一个叫刘建民的收藏者在市场中发现一枚精美的崇祯通宝花钱,其背面铸有两匹马,看上去非常漂亮。当时他心想这是非常珍贵的花钱,应该拥有较高的收藏价值,于是花了二十五元买下。回家之后,他连忙翻阅文献资料,书上竟明确写着“背有二匹奔马的崇祯通宝是伪品”,他一下子就傻了眼。这时他的朋友提出要跟他交换这枚钱币,他便应允了。然而,事后他又得知,这枚花钱虽是伪品,却是年代较为久远的伪品,而且传世较少,因而其价值已经远远超过了真正的崇祯通宝。

用伪品来牟利,不仅仅得到了市场的认可,甚至对于被仿者本身,也未免不是一种牟利的手段。比如董其昌在书画方面成就很高,当时就有很多模仿者,仿品也随处可见,可他却说“余心知其伪而不辨”。后来,陈继儒在董其昌六十岁的寿序中说出了其中的原因:市场上流通的董其昌书画作品中,真正出自董氏之手的可能连五分之一都不到,但因为借其声名而获得衣食来源的人非常多,有些赝品在海内外还得到了广泛传播,求购者不可计数,这不仅养活了一帮仿者,同时还能不断提升董其昌作品的身价。董其昌获得名,贩卖者获得利,真可谓各得其所。

正是由于获利的丰厚,在商品经济发达的明清时期,市场的扩大不仅推动了作伪技术的强劲发展，更滋生了地域化、集团化、规模化作伪的现象。在清代，书画的地域性造假一度达到顶峰。“苏州片，京师相，江西裱，扬州帮，开封货，长沙装，后门造，一炷香”，上述描述非常形象地表现了当时造假的产业化倾向，从片到相，再到裱到造等等，绝对分工细化，合作缜密，扬州片、湖南造、北京后门造等各种风格的赝本，也成了当时的“名牌”。又比如，扬州八怪受到全国文人雅士的青睐，当地的书画作伪之风便随之火热起来，有所谓“凡古肆所售，十七八伪而一二真，大抵书画伪品，多出维扬”之说。

伪品的高回报率刺激了更多的人投入进来，同时，为了利益最大化，人们不断改进作伪技术，从而进一步促进了鉴定技术的发展。

造奇

作伪者中也不全是为了钱财而弄虚作假的，这部分人数量不多，但实际上他们才是真正具有先进作伪技术的人。这些人怀着一种刻意造奇的心态，苦心钻研作伪技术，他们不是为了凭借伪器去赚取高额利润，而是为了满足强烈的好奇心，在作伪中寻求对自我价值的认定。

其实说到底，他们还是为了名，但这个名，是他们自己心里的名，也可以说是一种虚荣心吧。他们一般都具备相当的作伪素质，比如说家庭熏陶，世代就是某一领域的工匠，他们有着一种先天的敏感，能在作伪过程中发现很多问题，从而不断提升技术。当然，作伪手法有很多，但文物的古旧特性决定了作伪最主要的就是仿古。

仿古，是对古老经验的崇拜，体现了对传统文化的敬仰和继承。所以,历史上的几次仿古热潮,不但大受欢迎,还能带动各种冶制工艺的进步,这大概是刻意造奇者不曾想到的吧。

据报道,在河南有一个“赝品专业村”,那里的村民仿古作伪技术高超,伪造出来的“文物”十分匀称精美,而且做旧手段很多,不是专业鉴定人员很难辨认。像这种把作伪做成了产业的现象,其实并不少见。虽然,绝大部分村民都把它当成了安身立命的职业,但不可否认的是,其中也存在一部分对作伪技术有着深入研究的人,对于他们来说,作伪不只是生存需要,更重要还有一种技术上的追求。

可以说,作伪绝大多数靠仿古做旧,但仿古做旧者并不一定是刻意作伪。现在,在陶瓷学院还有专门研究做旧技术的专业,社会上也有一批像做学术研究一样钻研作伪技术的人,这说明作伪也可以是一项事业,有的人做这项事业是为了名利,有的人则是为了追寻一种自我价值体现的成就感。

第三节 虎头摹写称一品,宵小变诈有几何
——书画作伪的方法

不同的艺术领域,作伪的方法也不尽相同。在书画的作伪中,以下几种方法运用得最普遍。

临摹仿制

众多的书画作伪方法中，临摹仿制使用得最为普遍。其中，临、摹、仿是三种不同的伪造方法。

摹，也称为影拓、移画。东晋顾恺之有一篇《论画》，其中谈到“模写要法”，这个“模写”，就是现在的“摹写”。他说，“以素模素，其素丝邪者不可用，久仍还正，则容仪失。”之后，南朝的谢赫撰写了《古画品录》一书，对模写规则做了进一步的讨论和总结。

最初，模写是应学习技法风格的需要，而被广泛运用的。其一般做法是，在原作上铺一层透明的薄纸（这层纸根据时代不同而有变化，现在多用透明胶片），在纸上勾勒出原作的轮廓，然后用纸绢在稿本上勾画，将墨线勾画好之后再敷上墨色。也可以直接用薄纸在原作上直接勾描，只是很容易破坏原迹。

好的摹本常常可以乱真。前面提到的几幅失传名画，正是靠唐宋两代的摹本得以保存至今。而这些作品虽是摹本，但历来被认为是“上真迹一等”，可见其珍贵程度。

单纯出于学习目的的摹写，一向是被认可的，尤其是初学者尚未形成自己的风格时，常常借摹写来提高笔法技巧，最终摸索出具有个人特点的书写风格。然而，作伪可能获得的利益回报，常常促生了一些不光彩的摹写行为。例如唐代的张易之，他曾经掌管宫中的书画。在任时他招来一批画工，精摹宫中的书画精品，然后偷偷隐藏真迹，而将摹本送回宫中。直到他去世之后，这一偷天换日的恶劣行为才被朝廷发现。

临，就是比照原作，重新做一幅书画。也就是说，在对原作非常熟悉的基础上，将原作挂在墙上或者是放在眼前，依照其样貌依葫芦画瓢。这种方法比较考验临写者的书画素养，只有掌握了运笔、用墨、章法，基本功必须够扎实，才能做到胸有成竹，下笔如有神。

纯粹对临，很难达到与原作形神俱似的地步。因而熟悉原作者的书写技法是一方面，更重要的是学习原作者的创作状态，也就是神韵气度。从某种意义上说，如果这两方面要求都能达到，通常临写者有着极高的造诣，或许本身就是书画名家。比如宋代马远的《踏歌图》，在故宫博物院藏有两件，其中就有一幅是伪作。与真迹相比，伪作细看下显得气韵不够，笔墨单薄，可能是临者水平不够。而像米芾这样的大家，他临的古帖常常能以假乱真。如故宫博物院藏的《中秋帖》（王献之原作）和《湖州帖》（颜真卿原作），一直被当成真迹保存，连乾隆皇帝也被蒙蔽，把《中秋帖》珍藏在"三希堂"中。直到后来见到了两位大家的真迹，在仔细对比下才确定此为米芾的临帖。

清代王原祁等人擅长临画，而他们本身就是名家，有"四王"之称。他们常常在临画的作品之后题写"临某某"字样，以示为临摹之作。在临写的作品中，往往能找到作伪者自己的一些特征。其实，这也是很见功力的。

与摹相比，临对作伪者的要求更高，虽然不一定能完全原样复制原作，但临作更容易在整体风神气韵上超越摹本。这是因为摹本往往依样画葫芦，在摹画过程中很难照顾到整体的感觉。而临本相当于作伪者自己的画作，在临画过程中可以很好地把握书画的整体流动和美学意味。

摩与临有一个共同特征——它们都有一个参照系，都需要参照原本来进行，而仿就不同了。

仿，不是对某一具体的书画文物作品进行模仿，而是在熟悉了某一位名家或者某一派别的创作风格之后，根据他们的创作特点和创作规律，发挥自己的想象来完成一个全新的作品。它不能生搬硬套，更不是依葫芦画瓢，通常在作品中会流露出仿者自己的痕迹。

黄伯思的《东观余论》中论述了“仿”的手法——仿就是仿其特征，仿其笔墨风格，而与具体作品没有关联。

明代有个仿作高手叫詹僖，他喜欢仿元代赵孟頫的书法，还喜欢仿元四家吴镇的画作。此人对两位名家的书画风格相当熟悉，学习赵孟頫字体的俊逸遒媚非常到位，其仿作蒙骗了很多人。一直到现代仍有好几件仿作被当成赵孟頫的真迹，直到故宫博物院的几位专家见到詹僖本人作品后，两相比对才明白其中原委。不过，詹僖仿吴镇的墨竹画不太理想，乍看之下有吴镇的风格，但却缺少了吴镇的大气，没有纯朴的厚重感。

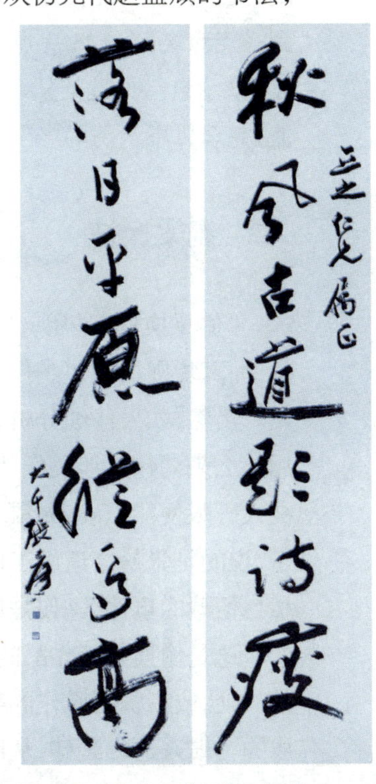

◎ 张大千仿徐渭《行书七言联》

由于仿作全靠个人的发挥，而艺术创作的过程往往难以将个人风格完全隐匿，因此仿作在仔细甄别下通常能准确辨认出仿者行迹。张大千也喜欢仿古，他仿徐渭、石涛、朱耷等人的作品能以假乱真。如他仿徐渭的《行书七言联》，将徐渭书法豪爽大气的神韵发挥得淋漓尽致，然而同时也流露出了个人运笔的轻浮之风。由于徐渭擅长隶书，在行书中也难免存在隶书古拙的特点，而仔细观察张大千的仿作，便能发现其中的不同。

明中期之后，在作品上打上“仿某某”标记的现象逐渐增多，甚至形成了一种潮流，这给鉴定真伪的工作带来很大便利。但也存在一些假冒的仿作，一些无名的书画作者为了提高自己的身价，往往在并未见过真迹的情况下，甚至只是了解到一点点名家风格特点，便伪造一幅书画作品，题上“仿某某”以示自己见过某某名家真迹，这些劣质的伪作一般毫无价值，完全算不上仿写。

偷梁换柱

“偷梁换柱”是用一些把戏迷惑人的眼睛，将假货充当真货，而真货则被调包用作他途，应该说它是较为低级的作伪手段。当然，如果仔细分析，其中也包含一些技术成分。首先使用什么来调包就涉及作伪的技术，因为伪作假如质量太低级，被人一眼便能识破，无疑是失败之举。前面我们举了一个例子，说的是张易之请画工临摹真品，之后将摹本送回，而真品私自留藏的事件，这便是典型的偷梁换柱。

这是偷换整部作品的例子。除此之外也有偷换作品中的某一处，或者仿制原作的某一个特点，之后按圈中一些约定俗成的习惯来进行装裱，从而使伪品有真有假真假难辨，骗取钱财。可以说，在偷换的过程中也涉及其他几种作伪方法，比如临摹，或者是仿书、仿画、仿制。而偷换调包操作起来最为便利，同时又更具欺骗性，因而也成为多数作伪者的选择。

如果只从书画市场来看，根据其偷换的物件，可以粗略地分为三种偷换形式，其一是偷换装裱的物件。在书画市场上，为了使作品得到较好的保存，同时也为了欣赏起来更为方便，常常要使用一些物件来进行装裱，增加视觉上的美观。像立轴幅式的作品，以及镜片、册页、手卷幅式的作品，向来是最容易被偷换者利用的。这是因为这样的裱件具有古老的包装特点，最适合做旧，在外观上能轻易给人一种年代久远的感觉，因而更容易欺骗世人。

在书画收藏界，有一种裱件被称为“原装老裱”，就是依靠其外在样貌的陈旧特点进行作伪。作伪者通常只要得到了这样的裱件，就可以将原件作品复制，随后将复制品替换真品。通常他们还会加上其他的一些作旧方式，比如弄出一些折痕，或是水渍，或者做出几个霉点，以示其古老。这样，真迹被替换，而由于装裱的真实，又能给人带来迷惑性，在半真半假之间骗取信任。

甚至也有不进行复制的作伪者，他们只进行调包，而无须拥有复制的技术，显然这是最没有技术含量的低劣行为。他们只需平时到处寻访搜罗一些旧作，无论其作者有名与否，只要价格足够低廉就可以。然后从这些作品中取其旧的装裱物件，套在署了名家的伪品之上，伪造出一幅新的名家旧作。如此偷换裱件的伪作其实并不难辨认，只要仔细观察裱件的衔接处，以及用手触摸感觉其质料，行家往往能轻松辨认真假。

其二是偷换题跋。书画作品中的题跋较为常见，也较多被作伪者利用。题跋中有的是书画作者自己所题，也有的是作者请名人或朋友所题，常用来表达从作品生发出来的感想。它既可能题在作品上，也有可能题在裱件上。

题跋在一幅作品中的地位，有时候并不是非常重要，有时候却起着画龙点睛的作用。然而，由于收藏界对书画题跋的重视，这些本来可有可无的题跋被投机倒把的作伪者们利用。

在偷换题跋的伪造过程中，存在两种形式。一种是作伪者手中已经拥有原版的题跋，也就是说其手中的作品的确是名家手笔。那么他可以复制原作，然后将题跋移花接木，真题跋而假画，神不知鬼不觉。假如伪造者的复制水平相当高，那么行骗起来是很难被识破的。

◎ 张大千《仿石溪山水》

另一种则更加欺世盗名。作伪者先拿一幅真品去找名家鉴定，当得到此名家的认可并题上意为“此为真迹”之类的跋文时，马上将真品藏匿而换上假冒之作，然而由于此名家题跋为真，往往能取得市场信任。

近几年较为有名的例子是杭州的张大千《仿石溪山水》案。此画中有国内著名的书画鉴定专家徐邦达的题跋，题跋中的词句证明了画作是真迹。然而据他本人所说，此题跋并不是针对这幅画所写，其中肯定被某些人有意调包，将真迹上做的题跋移换到此。由于这份题跋是作在裱件之上的，偷换起来操作简单，几乎不花什么功夫。此事闹上了法庭，作伪者的谎言最终被拆穿。

最后要谈到的是书画偷换中较为特殊的一种，即扇面偷换。在我国的书画作品中，扇面画由于其形制特殊，对书画作者的艺术要求就非常之高。只有书画技艺精湛、运笔如神的大家才可能将扇面书画做到精妙绝伦。齐白石、傅抱石、潘天寿、陆俨少等大画家都创作过大量经典的扇面作品，在收藏市场很受欢迎。

扇面形制分为两种，即团扇和折扇，其中折扇形制的较为常见。由于扇面都由两面组成，一般都会有正反两幅作品，这两幅作品可能是同一人所作，也可能是不同的人所作；扇面上的书与画也可能分别由不同人所作。

扇面还有一个独特之处，就是一般会落有扇子主人的名字，也就是说，作书作画者往往会题上此为谁而作。因此，正反两面按理说是应该有着相同的主人款名的，而伪造者便借题发挥，钻营取巧，大做文章。

除了以上几种形式，还有另外一种书画偷换的方式，是将册页书画作品中的某一页或某几页偷换。册页作品即尺寸纸材都完全一样的作品装订成册，通常都是八开或十二开，也有四开、六开等形制。这种作品有的是一人之作，也可能是多人所作。不过由于数量之多，花费精力也必然多，因此这类形制的作品较少出现，其价值大多不可估量。

改头换面

故宫博物院中藏有清代金陵八家之一吴宏的《山水图轴》，落款却是“八大家”中的另一位——陈卓。陈卓名气不如吴宏，因此作伪者如此改款，可能有某些不为人知的原因。

这种改款的方式是改头换面中的一种，只“改”而不做其他举动。其中，有把名气略小的原作者改成名气较大的，有把年代近的作者改为年代远的作者，也有把无名作品改名为大名家之作。像上面说的反其道行之的改款，实在不多见。

除了改款，还有改动题跋，甚至也有改动整幅作品内容的。一般来说，“改”有三种形式，一种是拼改，这种动作比较大，有可能将作品的内容和形式改变得面目全非；一种是割改，将一幅割为两幅、三幅，通常都是以大割小，通过这种方式提高其身价；第三种就是前面提到的改款，它也是最常见的一种方式。

辽宁省博物馆所藏的《后赤壁赋卷》，就是徐中行临元代赵孟頫的手卷，作伪者将徐中行的款识挖去，另外署上赵孟頫款，还盖上“松雪斋”的印章，一时蒙骗了很多内行，此画一直被当成赵孟頫手迹被珍藏。后来有人发现，画上还有“天目山人”的印章，而“天目山人”正是徐中行。在比对徐中行的字迹之后，人们才得以确认其真假。

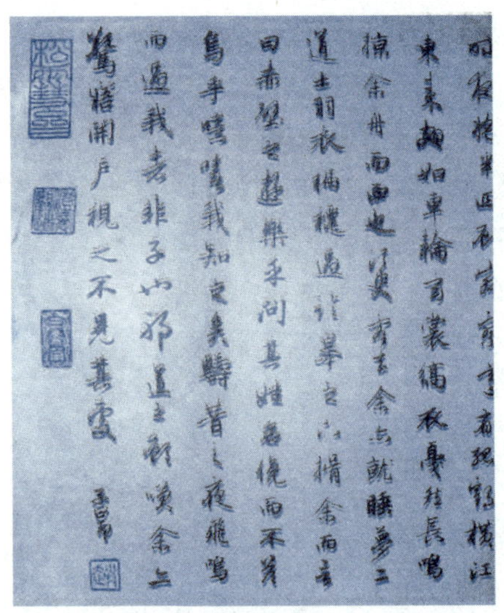

◎ 徐中行临赵孟頫《后赤壁赋卷》（局部）

除了改，还可以添，所添内容多种多样。比如本为无名款，而直接在作品最后添上某某名家的落款或印章，便可以假其名声行骗江湖。当然，这种添笔并不能为所欲为、任意乱添。作伪者往往需要有一定的知识和经验，否则将某一作品署上完全与之风格相反的名家款识，就贻笑大方了。

除了添加款识，也出现过有人在原作缺漏的情况下添补空白的现象，但一般来说，这样做都是画蛇添足，破坏了真迹的鉴赏价值。较为有名的一个例子是清代扬州画派的《杨柳山禽图》，画的左半部分被人挖掉了一截，而伪者为了弥补其缺陷，自己添上了一些桃枝。由于水平有限，结果弄巧成拙，真迹的价值反而因此贬低。

还有乱盖收藏印的现象。比如收藏于故宫的《四梅图》，它是南宋花鸟画名家扬无咎之作。它原本是真迹，有着极高的收藏价值。然而，由于被人添上了吴镇的假印，原画骤然失色。

作伪者常使用的“移款”和“转山头”两种作伪形式，也属于“改头换面”。“移款”是指通过装裱等方式移动款识的位置。因为款印大都是真实的，所以这么做不一定是为了造假牟利。“转山头”是指直接将某名家的款识从一幅画转移至另一幅画，这与挖改有些相同之处，往往能使作品身价倍增。比如，明代的《飞来峰图》本是沈周亲笔之作，但落款处有破损，作伪者通过“转山头”的手法，补上了款印，成了画真印假。如果某些无知者随意乱题，将一些名气小的作者款识题上名家款来冒充，更会扰乱书画收藏的市场秩序。

◎ 扬无咎《四梅图》（局部）

还有一种“改头换面”的方法是“减”。“减”通常是将原作中名家的题跋移位，而将本来作者的款识减去，这样借名家之名而赚取利润，蒙骗世人。如上海博物馆藏清代郑板桥的《墨竹图轴》，本是陈馥之作，但因画下有郑板桥题诗，作伪者便别出心裁，将“郑燮题”上移，挖掉“陈馥画”的落款，这样就变成了郑板桥诗画并作的伪品。对于原来的作者来说，可能只是想请名家指教，或者借此表示跟名家的关系之近，却被投机的作伪者利用，真可谓人心叵测。

减款并移款的方式，一般来说款印为真，因而不易被发现。但其比较明显的缺陷在于，往往留有挖改、涂抹、擦刮的痕迹，只要仔细观察，就会轻易识破。所以，鉴定起来只需多关注作品风格与作者风格的不同，就可以有效地避免上当受骗。

最后一种改头换面的方式是拆配和割裂。作伪者有时将一幅作品割裂成两部分，一为真画，一为真跋，然后再各自添上假跋和假画，由此伪造出两幅作品，各自都有真迹，然而又都不具备真迹的价值——这也叫“移花接木”，在传世的书画作品中常有出现。

还有的作伪者甚至将作品一分为三，即画、跋、款分为三处使用。其中可以跟假画、跋互相搭配，形成亦真亦假、真假难辨的局面。比如，吉林省博物馆藏有一幅苏东坡手卷，其后有李东阳题诗。这本是真迹，但后人将此题诗一分为二，在后面添上“东阳”款识。而事实上，落款“东阳”的作品就连李东阳本人题字中也非常少见，这就需要考验鉴别者的见识与经验了。

而拆配主要有两种，一种是拆真配伪，一种是拆而不配。前者如清代郑板桥的《书画册》，画为真，而题为假，显然是把真迹拆开之后各自配上假画、假题而成。拆而不配就简单多了，把原本属于一册的书画，拆而成为数页或者数册，将一部作品分成多部，从中牟取巨大利益。比如相传为周文矩所作的《宫中图》便被割裂为四段，现藏于美国哈佛大学、克利夫兰博物馆、弗格美术馆、纽约大都会美术馆四处。在第二段后面所附的"绍兴庚申"一文，对此流传情况作了介绍。

改头换面的行为是极为恶劣的，它甚至不要求作伪者本身拥有任何技术，只需移花接木的功夫做足，就常常能达到目的。它对文物的破坏非常大，而文物的整体一旦遭到破坏，其价值便会骤然降跌。

凭空伪造

前面说到的几种作伪方法，起码跟原作或者某名家作品有些具体联系，而凭空伪造是伪造者在完全没有底本，甚至连临摹本都未见过的情况下，只是道听途说某家某派的主要风格特点，就自己作伪的行为。

凭空伪造分为两种形式，一种是熟造，一种是冒造。熟造是在较熟悉名家手笔基础之上的"造"，利用名家的声望地位而伪造作品来获得利益，这种伪造方法常常有好的作品出现。冒造则指伪造者完全没有见过真迹而生搬硬套，通常造出的是劣质粗俗的作品。

凭空伪造在市场上得到默认，并能牟取极大经济利益的时期，具体来讲，可能在宋代以后产生，在明清时期达到顶峰，到现当代，已是随处可见而不足为怪了。明清时期的作伪已经发展到集团化、地域化，而凭空伪造则是各地作坊的主要作伪手段。当时，甚至形成了"苏州早""湖南造""江西造""扬州造""北京造"等有名的伪造品牌。

“苏州造”也称“苏州片”，在苏州当地有专诸巷和桃花坞两个聚集区，伪造者的分工协作井然有序。比如在书画伪造过程中，有的人负责皴染，有的人作勾描，还有的人负责题款或刻印，工序非常缜密。苏州造最擅长山水画，它们采用绢本，设色艳丽，大多是伪造古代名家的作品，并题有文徵明、沈周、董其昌等人的跋。其中比较典型的有《海天落照图卷》《仙山楼阁图卷》《清明上河图》等，很多被国外博物馆收藏。

“湖南造”的据点在长沙，伪造的也多是湖南当地名家如左宗棠、齐白石等人的作品。另外也会伪造一些不太热门的如明代东林党中一些小有名气的书画家的作品。“湖南造”一般使用质量低劣的纸、绞、绢本，纸张自带的颜色——通常是米黄色或湖色——看上去显得陈旧、灰暗，由此欺骗了一些未见过真迹的人。

有一个叫甘半樵的湖南人靠此营生，他一年之内从长沙运到攸县的伪造品多达一百多件，赚到不少钱财。还有一个叫刘松斋的人，他开了一家“湖南造”专卖店，伪造品多达两千多件。他专门伪造石溪、石涛、朱耷等名家的作品，可以说质量是没有保证的，但也因为价格低廉，在市场上走俏一时。他还擅长雕刻印章，他制作的画家和收藏家印章质量也很差，却同样受到青睐。

“北京造”最有特色的是宫廷画。因为清代宫廷中的书画珍品一般在民间很难见到，北京的伪造者便拥有了得天独厚的条件。有时候宫中的太监或者其他官员获得皇室赏赐，得到一两件真品，有心者只要用点心思，见到宫廷画真迹的机会还是比较大的。

“北京造”中最为著名的是郎世宁的《圆明园观围图》。

而“北京造”的两大高手，一个叫马晋，一个叫祁昆。前者学习郎世宁，擅长花鸟，也擅长画马，在书印方面也很有研究。后者则学习文徵明、唐寅等人，精于山水画，擅长雕刻篆印。两人家住得很近，关系也很好，经常合作伪造郎世宁的画作。据说当年汪精卫想伪作一幅郎世宁的《百骏图卷》给希特勒做寿，就辗转找到马晋画马，祁昆补画山水景观，最后还附上几个臣子的题跋，终于构成一幅长卷。

“江西造”在书画领域影响不大，稍微有点名气的是《山水图》，它的画法较为简单，质量一般。但“江西造”在瓷器领域可以说是相当火爆的。景德镇是瓷器出品的重镇，制作瓷器的水平也享有盛名。近年来，在当地烧制的伪造瓷器，由于技术精良，往往能欺骗对古代文物知识一知半解的人，以假冒之身充当贵重文物。

除了以上几个地方的“伪造集团”，比较有特色的还有“河南造”。河南开封、洛阳等地在历史上也曾经辉煌一时，再加上文物发掘较多，借此名头的伪造之作就数不胜数了。“河南造”不仅伪造苏轼、黄庭坚、米芾、赵构等宋代名家的书法作品，还伪造了朱熹、岳飞、文天祥等历史名人的书法作品。河南造的最大特色是使用当地的棉纸或蜡光纸，因此显得比较光滑。如果特意将字画做旧，就会在伪造书法之后揉搓纸张，出现褶皱，看上去较为古旧，从而冒充年代久远的作品。但是由于伪造者的手法低劣，往往很容易辨认。

“上海造”出现较晚，伪造方法也较为现代，因而伪造水平通常较高，不好辨认。在书画作品中，上海造的伪品与真迹几乎一模一样，装裱、形制，甚至收藏章的位置都一毫不差。他们的造假工序比较现代，流水作业，分工协作，一丝不乱。比如元代盛懋所作的《秋江待渡图候》，真迹现藏于故宫博物院，而上海造的伪品早已经卖至海外。

“扬州八怪”在世时便备受到青睐，而扬州当地更是伪者如云，“扬州造”正是指专门伪造扬州画派风格作品的群体。

不管是哪个地区的伪造，总体上说，水平都比较一般，鉴定起来困难不大，而且质量较为低劣，难有精品。

第四节 拟古作伪一时起，是非功过后人评
——作伪的评价

前面我们说过，对于作伪不能全部否定或者全部肯定，而应该综合考虑多种因素。下面，我们就来谈谈作伪的价值认定问题。

假未必不如真

曾经有人向启功先生请教，该如何分辨市面上启功书法的真伪。启功先生的回答是：“写得好的是假，写得不好是真。”这固然是先生的谦虚之词，然而也从一个侧面反映了伪作的模仿功力。有位领导曾经拿一幅启功款的书法，想让启功先生看看它仿得多像。没想到启功先生仔细端详之后说：“我的字是劣而不伪，你拿来的字是伪而不劣。”他还开玩笑说：“这世界上，面对我的字大体有三种人，有一种人是不认识

我，对我的生存无所谓；另一种是对我感兴趣，并已经拿到我的字，他们盼着我赶紧死；第三种人对我感兴趣，但还没拿到我的字，所以他们盼我先别死。”

的确，很多伪作相当专业，技术水平高超，几乎可以以假乱真，未必就在质量上与真品有差距。宋代人好仿唐人铜镜，明清两代好仿宋瓷，制作精良的赝品在当时未必是精品，但流传时久，也会成为珍贵的文物，被收藏市场追捧。

另外，有些失传的书画作品，如《洛神赋图》《女史箴图》（东晋顾恺之作，现存唐代摹本、宋代摹本等）、《兰亭序》（东晋王羲之原作，现存唐代摹本）、《韩熙载夜宴图》（南唐顾闳中作，现存宋代摹本）等，就是在原作失传的情况下，靠临摹本复制本才得以保存至今，使我们能够看到这些名作的原貌。从这方面讲，很多的伪作、伪品因其精湛的仿制水平而填补了失传珍品的空缺，也十足可贵。

◎ 顾闳中《韩熙载夜宴图》宋摹本

在我国历史上，很多书画名家自己也是仿古高手。如米芾就常模仿名家作品，以假乱真。被乾隆称为“三希”之一的王献之《中秋帖》就出自他的手笔。米芾非常喜欢模仿，嗜古成痴，只要在市场上看到古旧的器物或是书画，必定要尽力求取到手才肯罢休。而且他本身就是书法名家，“妙于翰墨，精于鉴裁”，尤其擅长临摹仿制，几乎能真假不辨。野史中记载，他常常向别人借来古本临拓，临摹完毕之后，将自己的临摹版和真版一起交回，让出借人自己挑选。出借人很难辨认，往往会领错，而米芾却不点破，由此获得很多的古书画。当然,米芾这种行为带有一些炫技的意味,也从中牟取了名与利。但对于失去真品的人来说,得到了米芾的手笔,也未尝不是一件好事。

张大千也是一个仿古高手,他有"南方石涛"之称,可以说他模仿的石涛作品达到了出神入化的地步。他精心研究过石涛书画早中晚三个时期的特点,以及他喜用何种印章等,加上他本身高超的技巧,哪怕是伪造石涛的作品,也有着很高的收藏价值。

破坏真迹令人痛心

作伪手法有高低,伪品的消费者市场也分层次,然而作伪最大的弊端在于其对文物真品的破坏,这是必须打击造假造伪的主要原因之一。

作伪对收藏市场秩序的破坏是非常严重的,也是无所不在的。尤其是改头换面的伪造方式,对真品挖改、割裂,原本价值连城的珍品破坏得面目全非,实在令人痛心不已。

米芾在《画史》中记载了这样一则故事:

王诜拿了两幅勾龙爽的画作去见米芾,说要重新装裱。揭裱时要先湿水,而米芾恰在此时发现画的左上方石头上隐约有"洪谷子荆浩笔"几个字,字藏在颜色之下,显然是先有字而后上色的,用颜色来掩盖旧款,如果不是因为重新揭裱,几乎看不出来。米芾由此得出结论,说这幅画的作者应该是荆浩,而并不是后人所作的。

在题款处大做文章的现象实在太多,有的作伪者更是大胆。比如唐朝白居易的手迹本来早已失传,后来又传说一幅《楞严经》手卷是他的真迹,其后落有白居易的题款。正是这个题款骗过了许多鉴定专家的眼睛，一致认同是白居易所写。然而，后来逐渐出现了质疑的声音。因为这个作品整体风格跟唐代不太一致，倒是很像南宋大书法家张即之的风格。仔细观察其题款，发现“居易”二字似为抹去原迹之后添加的。显然造假者把款给改了，从张即之到白居易，一下子便把作品年代提前了两三百年。如今，书画界一致认定其并非白居易手迹，而是南宋张即之作品，最终确认了作品的真实身份。

像这种添加笔画而篡改其真实作者的做法，可能还只是给辨认和鉴定带来很大困难，如果是在真品上大作改动，甚至将其割裂、挖改、故意撕破损坏，就不仅仅是作伪者欺骗收藏者的事情了，它对原作的毁坏程度是不可想象的。前面说到的挖改款识、移接题跋、偷换裱件等作伪方式，都会造成对真品的破坏。挖去作品赠与者的上款，或是篡改作者的落款，这些做法的破坏力还算较小的。而在原作基础上添加水平低级的笔画，或者是割裂了原作，一分为二，甚至一分为三，不仅使作品在整体效果上骤然失色，而且会造成原作“身首异处”的局面，给文物保存和流传带来极大的困难。

第五章

收藏例说

藏品的种类五花八门、无奇不有，下面我们就来介绍几种比较传统、常见的收藏。

第一节 书藏福地辟娜嬛，画积翰苑立鸿都——古籍和书画收藏

说到藏品，在中国最为大宗、也最有代表性的可能就要数古籍和书画了。

古籍收藏

人们对于书籍的爱护，自有文字之始便与之相伴相随。古籍的收藏源远流长，上下几千年都不曾淡出人们的视野。有句古话说“千藏万藏，不如藏书”。古代上至帝王之家，下至普通文人，很多人都将藏书作为一项毕生的追求。

关于藏书的价值，有人如是说：“玩物虽未必丧志，毕竟费时费力费钱；藏书定能长智，尽管也费时费力费钱。”清人姚际恒认为藏书可以使“插架与腹笥俱富”，意思是说，藏书既可以充实书架，也可以充实学问。的确，藏书能够增加人的知识涵养，使人明辨是非，提高素质。

官藏和私藏向来是收藏历史的两大主线，藏书史也不例外。早期藏书者多是皇宫内廷，最早的如周代有“藏室”。《史记》中说老子曾经是“周守藏室外之史”，因此老子堪称

"史上第一大藏书家"。百家争鸣的春秋战国时期,文人都致力于著书立说,收藏者也可谓"济济多士"。秦始皇统一六国后,将各国的藏书全部纳入本朝,并且建造了"金匮""石室",专门用于存放藏书。

汉代儒学逐渐成为主流意识形态,儒士们为发扬儒学,发奋著书,创造了很多经典作品,也带动了藏书事业的发展。当时有"兰台石室"用于藏书,后来它成了皇室藏书楼的别称。

自唐朝始,历朝历代皇家都极其重视对前朝历史文献的整理,如唐代用四库来对文献进行分门别类地整理,这对后世产生了深远的影响。唐代由于经济的发展,藏书事业也较唐前更有系统,也更具规模。当时的官府藏书分别保存在弘文馆、集贤院、崇文馆和史馆等处所。

到了宋代,由于印刷术的发明及广泛使用,图书出版行业渐成规模,版刻图书装帧精美,工艺精湛,从形制特点上很适合收藏。随后的明清两代更是书籍出版商迭出,所印之书也广布全国各地。但数量的空前巨大,相应地也伴随着质量的下降。因此,印刷、装帧等方面都仍然以宋版书为优。

明清两代帝王还致力于各种书籍文献的整理修复,都有代表我国文献最高峰的成果出现。明代永乐年间,明成祖朱棣下令编纂《永乐大典》,虽然初衷是为了显耀大明国威,且其编纂过程动用全国文人之力,颇受质疑,但毕竟成果太多耀眼,历来总是以其功而为人称道。清朝从初期开始对所有古籍文献进行全面整理,考订源流,分类编纂,至乾隆朝时《四库全书》功成,皇室藏书事业也以此为标志,达到封建王朝收藏之最。

对藏书历史略知一二的人,对七大藏书阁应该耳熟能详,它们分别是：北京故宫的文渊阁、圆明园的文源阁、奉天故宫的文溯阁、热河避暑山庄的文津阁、扬州大观堂的文汇阁、镇江金山寺的文宗阁、杭州西湖圣音寺的文澜阁。仔细观察这七个楼阁名字便能发现一个有趣现象：不仅名字中均有“文”字，且其中六个都有一个字带有“三点水”。揣测其原因，大概是取“水傍”之意，借此来为藏书阁增添“水汽”，避免火灾。

七大藏书阁都是皇家官府藏书机构，至于私家收藏，晚明以后便如雨后春笋般遍地开花了，同时也出现了一大批藏书家。这些藏书家都将藏书视为传家至宝，代代流传，这种以家传为主要方式的收藏也成了私家藏书的主流。

藏书家族中总是不乏大学问家，如清人孙星衍，他的父亲热衷藏书，家中拥有“数柜”文献，孙星衍自小与书为伴，“窥视柜中书，心好之”，涉猎图书包括《十三经注疏》等各类史籍文献和评注，成年后他更是广搜各地奇书秘籍，甚至收藏了不少释家佛典，以及医学类、阴阳类、术数类的图书。他凭借多年阅览经验，终成一代大学问家。

再如清人徐乾学，他也是一位大藏书家。他认为，很多做父母的若为儿孙留下万贯家财，儿孙往往很快便消费殆尽；若将各种宝物珍品传给后世，又往往不能保证完好留存。为此，他想到了一个万全之策，便是将倾家所藏之书传给儿孙后辈，这不仅是物质的传承，更是一笔丰厚的精神财富。因此他给此藏书楼命名为“传是楼”，郑重地将藏书事业交与子孙。

最有名的私家藏书，要数浙江宁波的天一阁。天一阁为明代范氏家族所建，在明代便广受赞誉：“海内藏书之家最久者，今惟宁波范氏天一阁岿然独存”。至今历尽朝代兴替，仍然保存完好。它藏书种类丰富，且保存明代文献非常完整，在地方志和家谱方面的收藏更是首屈一指。

天一阁藏书的成功，主要归功于它严格的藏书制度，包括“烟酒切忌登楼”，“代不分书，书不出阁”等。烟酒不入，切断了火灾水灾的来源，而书不流出，避免了有借无还、书籍流出。除此之外，范氏祖训，藏书阁内所有门柜钥匙由子孙多房掌管，除非各房“掌门”均到齐，否则任何人不得擅自开锁，更不能私自进入，更不能带亲友和外姓人进入。同时，还有一系列预防蛇虫鼠蚁、防火、防盗、防水的详细措施，严格程度堪为古今藏书者之最。

正因如此，天一阁的藏书在很长时期内都不为人知，直到康熙朝时，大思想家黄宗羲成为第一个被允许进入的外姓人。此后，天一阁才逐渐进入对外开放的时代。

◎ 宁波天一阁

其实，各朝各代对文献的破坏与收藏一直是并行于世的。从整体来看，大量破坏书籍的行为都出现在时代交替阶段，每一个朝代晚期都难以避免战火对书籍收藏的冲击与阻断。史上最有名的如秦始皇焚书，除了医药、卜筮、种树类的书籍，其他全部被毁灭，所幸一些壮义之士冒着风险奋力保存下来一小部分经典。而近代的火烧圆明园就更不用说了，几重劫难下来，损失无法估量。

近代以来，藏书热逐渐回潮，一些新被发现的文献的出现，充实了各大藏书拍卖市场。只要我们关注一下便能发现，这些古文献往往具有许多附加的意义和价值，而不仅仅是岁月累积的价值。

比如最近引起拍卖界和藏书界关注的《浮生六记》佚文

《海国记》钱泳抄本。《浮生六记》本来只是沈复的一部自传体散文作品，清代著名书法家钱泳的抄本因为残缺而珍贵，但并不至于稀世之价。使它身价数百倍增的，是其中关于“钓鱼岛归属中国”的铁证记录。这一文献显示，当时琉球诸岛的确属于我国管辖范围，而沈复正是作为册封使的随同而前往此岛。这样一来，这残缺的文献一下子更显珍贵。不仅藏者本人和拍卖公司视为珍宝，而且国家政府也非常重视它的去向，明确限制海外人士竞拍，最后在北京以一千三百二十五万元被国内某藏家拍得，在古籍收藏界算得上天价了。

“书，是人类进步的阶梯”。好书，是知识的载体。藏书的人是幸福的，不仅自己有福，还能惠及后人，代代受益。

书画收藏

除了古籍收藏，最受文人欢迎的，莫过于书画作品的收藏了。

书法和绘画，是我国古代艺术的两大瑰宝。中国文人对书法和绘画艺术的孜孜追求、百般推崇，是书画收藏事业得以连绵两千年而愈演愈烈的主要推动力。魏晋南北朝时期，古代书画艺术出现第一个高峰，从而催生了收藏的第一个高峰。此后历代莫不如是。

书画收藏也有官府收藏和私家收藏之分。东汉末年，当时的皇帝建造专门的楼阁，设立专门机构来进行艺术作品的蓄藏。如汉明帝创建的鸿都学，就专用于收集陈放各种珍奇异宝。当时的书法艺术作品，使用纸张还不多，大部分是书于竹木简上的。

魏晋时期，风气为之一变，艺术风格也随之发生变化。主流谈玄，任侠使气，文人都喜欢与众不同，书画艺术达到空前顶峰。此时最有代表性的收藏者仍然是帝王之家，尤其是南朝，几位皇帝不仅非常热爱书画艺术，精于鉴藏，还各自拥有一套鉴定方法，他们可谓有史以来首批专家型鉴定者。

南齐高帝萧道成将历代以来的名家作品评定优劣等级，“自陆探微至范惟贤四十二人为四十二等，二十七帙，三百四十八卷，听政之余，旦夕披玩”，痴迷程度可见一斑。梁武帝萧衍更胜一筹，他与臣属们讨论研究收藏鉴赏，往往通过书信的方式进行沟通。

而梁元帝萧绎的收藏事业则最为盛大。有记载说，亡国之时，他对自己的藏品即将落入敌人之手非常痛惜，于是做了一个更令人痛惜的决定：焚毁。当时，后阁的舍人高善宝奉命毁灭名画书法和典籍二十四万卷，眼看就要付之一炬了，幸好有一个叫于瑾的人，奔入灰烬之中抢救出四千多卷书画，总算没有使这批文物全军覆没。不知道做出如此冲动的决定之后，萧绎有没有感到悔恨呢？

隋唐时期官府收藏不仅在数量上超过了前代，而且更加有规模、有规范。当时皇室设有“密府”，专门用于收藏书画艺术作品。其中大量藏品来自前朝，也有来自民间的私藏。可见，隋唐时期的私藏也有了深入的发展。

隋文帝杨坚在建国之始便注重书画收藏，灭陈时命部下接收陈的书法和名画，多达八百余卷。隋炀帝杨广更是建造了两座楼台，东为“妙楷台”，西为“宝迹台”，分别用于收藏书法和绘画。他南下扬州巡视还不忘带上所藏的书画，只可惜途中沉船，这些名品大部分丢失，残余藏品也在炀帝亡国之后落入宇文化和窦建德囊中。

唐高祖李渊灭隋而代之，陆续将隋代藏品从宇文化和窦建德手中收回，收入唐代御府。除此之外，还通过查获、进献等各种方式从私藏中获得部分藏品，数量逐渐丰厚起来。据记载，当时在佛寺、“秘府”收藏的书画作品大概有二百九十八卷，其中大部分是皇家藏品。唐太宗对书画收藏最令人称道的，莫过于他对王羲之书法的推崇和复制。他在获得《兰亭序》之后，命令赵模、韩道政、冯承素、诸葛贞等专门负责拓书的匠人各拓数本，分赐给子嗣及臣属。这对于王羲之书法的流传，有着非同一般的意义。

但是到了唐中宗时，出现了皇室收藏流入私藏的现象。由于当时的皇族贵戚得宠，皇帝钦赐以及宫廷艺人趁工作之便偷偷复制流出的书画珍品，数量不可小觑。玄宗也是一个极其重视书画收藏的帝王，他再次掀起了官府收藏的热潮。然而他不遗余力地收集名家名作，也造成了一次书画珍品的灾难。他规定，私藏了名迹且未上报朝廷的藏者将受重罚，因此，很多藏者被迫销毁藏品。如张易之、张昌宗兄弟就曾伪造偷换皇室收藏的真迹，后来作品被薛稷获得，他死后归于岐王李范，李范畏罪，全部焚毁，造成书画收藏史上无可挽回的一大损失。

至于私家收藏，比较有名的如杨素、萧瑀、王方庆等，在隋代和初唐时期，他们都曾为官府进献很多名作名品。盛唐之后私家珍藏逐渐增多，出现了大批书画藏家，除了鉴定方面有了长足发展，还开启了使用鉴藏印记的历史。比如徐峤有“东海”字印，他的儿子徐浩则使用“会稽”字印；张嘉贞用“河东张氏”字印，其子张延赏则用“鸟时候瑞”四字印。这些鉴章的使用说明，当时人们已经开始根据鉴宝专家的印记，来辨别作品的真伪优劣了。

两宋时期，书画收藏在宋徽宗时达到高峰。由于徽宗本人就是书画名家，且热爱收藏，即位后除官府收藏之外，他还从民间搜集各种藏品，使“秘府之藏，充仞填溢，百倍先朝”。对于藏品的保护、利用和整理，宋徽宗都做出了极大贡献。比如他对宫廷旧藏的装裱，将前黄绢隔水上的“双龙”方印，改成“双龙”圆印，改变了衿押的部位，将其放在了标签下方跟本幅的接缝处。

在书画收藏著录方面，徽宗命人“上自曹弗兴，下至黄居寀，集为一百帙，列十四门，总一千五百件，名之曰《宣和睿览集》”，此外，他还命侍臣根据内府收藏，编纂了《宣和书谱》和《宣和画谱》。《书谱》记载帝王诸书和各种书体，附有名家小传和作品名目，内容丰富，对于宫廷收藏的记录，在书画史上都是具有里程碑意义的。

北宋灭亡，南渡之后宣和秘府的收藏纷纷流散，部分被金人掳走，部分散落民间，高宗于是全力搜求古书画，尤其是从北方流传过来的书画作品。经过几十年的努力，到宁宗时，宫廷收藏逐渐丰富起来。

私人收藏两宋时盛极一时，一般士大夫和富商家庭多少都藏有书画作品。而且宋时商品经济空前发展，在收藏领域，第一次出现了有规模的文物书画市场。《东京梦华录》中记载，当时的相国寺是汴京最大的自由贸易中心，其殿后资圣门前便是一个专门贩卖“书籍玩好图画”的去处。

市场的活跃也导致了作伪之风的盛行，于是专门从事书画鉴定的人陆续出现，而不再由书画家兼做鉴定。

宋代最有名的私人藏家当属米芾，他不仅是著名的书法家，精通鉴赏，临摹仿制也很在行。他的收藏大部分体现在其著作《书史》《画史》之中，除了记录家藏的书法名目，还记录了他所见过的其他收藏家的藏品名目。

明代皇室收藏情况由于没有书籍著录，鉴别和管理都不可靠。主要原因可能在于明代的宦官制度。当时宫廷的书画珍宝都由宦官保管，而宦官一般都是不识字的文盲，少有珍视藏品之人，更不用说著录名目了。因此与历代相比，似乎明代是最不注重收藏的。明中期后，甚至有帝王因为国库空虚，用内府的藏品作为赏赐或薪酬发放给臣属官吏，史称“折俸”。如此一来，宫廷的古书画藏品便大量流散至民间，从而使明代的私家珍藏空前丰盛，书画文物市场也空前活跃。

到了清代，私人收藏家更多，最负盛名的是安岐和梁清标二人，他们在古书画的收藏上都号称“甲天下”。梁清标在清初时收有一批宋元时期的书法名迹，大都是稀世珍品。他的鉴赏能力很强，凡经他鉴定过的，几乎都是真迹。安岐原是朝鲜族，其先祖入了旗籍。他拥有渊博的学问，精通鉴赏，收藏丰富。《墨缘汇观》著录了他的全部藏品，藏品上自三国，下至明末，时代跨度大，比梁清标所藏更为丰富。而且他的收藏大多是完好之作，历经各代名家收藏和著录，是更有价值的有序流传。

◎ 梁清标印

除了这两人，还有一个叫高士奇的鉴赏家，他留下来两部书作《江村消夏录》和《江村书目录》。前者以时代顺序对其所见书画作品进行考辨源流、记录样貌装帧特征，有时还会略做评论，此体例深刻影响了后来的著录作品。但遗憾的是，高士奇存有私心，不对作品的真伪进行鉴定，将一些伪作也混淆其间。他还进献假的作品给皇帝，遭到当时一些官员的弹劾。而《江村书目录》一书所记皆为他的私藏，因而辨别真伪、优劣品评都非常明确，是可供参考的重要资料。

直到当代，书画作品的收藏热潮从未减退过。可以说，收藏对于书画艺术的传承和发展，贡献颇为巨大。我们在不遗余力地保护历史名迹时，另一方面也应该重视当代书画艺术作品的鉴赏和保存，以期两千多年的艺术瑰宝能继续发扬光大。

第二节 三代钟鼎今为宝，二田圭璧古称奇——青铜器和玉器收藏

在古代，收藏学又叫“金石学”，其中，“金”指青铜器，“石”指玉器。收藏界还有所谓“金石书画，竹木牙角”的藏品种类排序，由此可见青铜器和玉器的收藏是中国古代最有代表性的收藏门类。

青铜器收藏

青铜是一种铜锡合金，它不是天然生成的，而是人工发明制作的。它也并非天生青色，而是呈金黄色。我们现在看到的青铜器上的青绿色，是长期以来生成的铜的氧化物。

前五六千年到前两千年，青铜器的制作和使用水平一直被看作是当时人类文明发展程度的象征，所以历史学家们称之为人类历史上的“青铜时代”。

正因为青铜器与当时人类社会生活密切相关，因此，当它

因为材料稀缺无法普及、质地过于脆硬等缺点渐渐暴露，而无法满足社会生产力发展的要求时，很快就被性能更为优良、更容易获得的铁器所取代，从此人类就进入了“铁器时代”。

在“铁器时代”，青铜器渐渐被冷淡，偶有使用，也不过是用于铸币、制作工艺品等少数领域，它的制作工艺也就渐渐变得粗疏了。这就是为什么在青铜器收藏上言必称“三代”的原因。所谓“三代”，就是指夏、商、周。

目前我们能看到的关于夏代青铜器最详细的描述莫过于《尚书》《左传》中对于“禹铸九鼎”的记载：

相传最早的时候天地人神是杂居相处的，后来颛顼帝“绝天地之分”，把人界和神界分离开来，这样就造成了人们对神灵的不了解。大禹为了让人们重新对各路鬼神建立崇敬，于是采各地青铜，铸成九鼎，一鼎代表一个州，并在鼎上铸上了山川神灵的形象。

有学者认为，九鼎是通过掌握宗教权进而掌握统治权的工具，其上所铸的应该是禹所辖部落的图腾。

这九只鼎后来成为夏王朝承天命的象征，也就是国家政权的象征。后来，商亡夏，周灭商，九鼎辗转落到周王朝手里，继续作为天命的象征。到了战国时代，周代已经没落，秦楚等大国屡屡“问鼎”，然而终究没有到手，九鼎一直为周王朝保有。后来周代灭亡，九鼎从此下落不明。

商周青铜器一般用陶范铸造，一范一器，没有任何两件是完全相同的，如果有，即是赝品。它们多数造型精美，饰有花纹、动物和人物等形象，有的则铸造成动物或人物的形态，著名的四羊方尊就是其中做工比较精美的代表器物。它们体积各异，大到后母戊鼎那样的大型祭器，小到觥盘卮爵之类的小型酒食器皿，大的气势沉雄，小的玲珑剔透，颇具艺术价值和观赏价值。不仅如此，这些青铜器上很多都铸有铭文标记，如器物主人的名字、族徽等，周代青铜器甚至铸有长篇铭文，如铭文将近五百五十字的毛公鼎。由于是浇铸而成，铭文字数越多，说明铸造技术越为成熟。

值得一提的是，尽管三代属于“青铜时代”，但由于青铜颇不易得，在当时还是很珍贵的。因此，后来发现的青铜器多是祭器、礼器、酒食器、兵器、乐器等，很少有生产工具。

商代和周代的青铜器在风格上是有所不同的。商代青铜器做工朴拙厚实，周代则雅致精美；商代纹饰以饕餮纹最有代表性，散发出一种狞厉味道，周代的则以云雷纹为主，体现出舒展飘逸的意味；商代铭文标识较少，多数仅有名字、族徽，周代的则多形成文章，或记载造器始末，或铭铸箴言以自励，体现出浓厚的文治色彩；商代青铜器在材质上比起周代，尤其是春秋战国器物较胜。

概而言之，三代的青铜器主要有三大优点：第一是材料精，所选铜料都是比较纯净的；第二是工艺精，当时的制造技艺可谓达到了炉火纯青的程度；第三是工匠们舍得花工夫，这种艺术不是只凭朝夕就能完成的，必须耐着性子一步一步做好。因此，青铜器物大多具备尺寸标准、式样精确、花纹细致、文字整齐等外观特点。

通过长期的铸造实践，人们总结出不同用途的器物所应采用的铜锡比例，并形成了一套专门理论。如《考工记》中说：“金有六齐（即铜，齐即铜锡合金）：六分其金，而锡居一，谓之钟鼎之齐；五分其金，而锡居一，谓之斧斤之齐；四分其金，而锡居一，谓之戈戟之齐；三分其金，而锡居一，谓之大刃之齐；五分其金，而锡居二，谓之削杀矢之齐；金锡半，谓之鉴燧之齐。”

以此为标准，历代都仿造过三代青铜器。如唐玄宗就在江苏句容设了一个冶铸点，专门从事仿造工作。宋代时仿造的数量更多，据说晚清时琉璃厂古玩商铺里的青铜器，多半是宋代的仿制品。明代有一种铜炉很有名，叫作“宣德炉”，它是宣德年间仿制铜器的标志，仿制技术非常精良，时至今日仍为收藏爱好者所青睐。

关于青铜器的收藏，早在汉武帝时就有出土青铜器的记载，汉武帝“元鼎”的年号也因此而来。但那时的青铜器更多是作为一种祥瑞的象征，得到宝鼎不仅意味着上天对皇权统治的肯定，也预示着国运的昌隆。

直到宋代之前，青铜器的收藏者主要还是皇室统治者。宋代以文立国，统治者们也以风雅自命，以宋徽宗赵佶为代表的皇帝们致力于金石收集，内府藏品极为丰富。

◎ 宣德炉

在私人收藏方面，由于宋代文人地位大大提高，生活条件也空前优裕，青铜器的魅力迎合了文人们的审美情趣，于是在宋代就出现了青铜器收藏史上的一个高潮。

当时如寇准、文彦博、苏轼等名相文豪都喜欢收藏青铜器，还出现了诸如吕大临的《考古记》、赵明诚的《金石录》等金石学著作。有很多佚失青铜器的铭文，正是宋代学者临拓下来，收录在这些金石学著作中，才得以流传至今。

元代文事不彰，青铜器的收藏暂时进入低潮。到了明清时期，特别是清代，在当朝统治者的带动下，青铜器收藏又大行其道。比较有代表性的是乾隆朝，乾隆皇帝曾令梁诗正仿照宋徽宗的《宣和博古图》，来撰写《西清古鉴》，著录宫廷所收藏的青铜器。在这种氛围的熏染下，许多著名的金石收藏家应运而生，如阮元、陈介祺等。

清亡后的数十年，中国陷入了长期的动荡，大量珍贵的文物或流失海外，或葬身战火之中，思之令人痛心。

新中国成立后，随着科学技术的进步和综合国力的增强，我国在青铜器的收藏和保养方面的水平大为提高。在各地兴建博物馆，则为文物收藏提供了良好的条件。目前大型青铜器皿，尤其是新近出土的青铜器，均被作为国宝珍藏于各地博物馆，私人手中存有的比较少。私人收藏的大多是早已出土面世的青铜器，其中当然也不乏精品。

当我们面对一件上古青铜器，那斑驳的铜绿、厚实的器壁，甚至夹杂在铜绿中的残土，都会给我们以巨大的震撼力和感染力，仿佛千百年的历史就呈现在我们眼前。

玉器收藏

在各种收藏品中，玉器的出现是比较早的。与青铜器不同，玉器一开始就不是作为生产工具来使用的，所以它并没有像青铜器那样被铁器所取代，而是一直备受人们的青睐。

《诗经》云：“谦谦君子，温润如玉”，可见在古人眼里，玉象征着温柔敦厚的君子人格。围绕玉形成的“玉文化”，也就成为中国传统文化的重要组成部分。

我国的玉文化源远流长，在朴拙的原始时代便已有玉崇拜的文化。当然，古代人说的玉，最早是“美石为玉”，也就是说，只要生得漂亮的石头都叫玉。后来才逐渐强调石头的温润纯正感，并拿玉的这种质感比附君子的品德，即“比德其玉”。

史前时期还属于天地鬼神祭祀时代，巫师有着至高无上的地位。那个时候，玉石作为一种神器，由巫师掌管，用它来与神灵沟通。红山文化出土的著名的“中华第一龙”就是这样一种“神器”。作为神器的玉石，在雕工上没有什么讲究，可能钻个洞，用绳一穿就可以了。

私有制出现后，人们不仅把玉当作一种“神器”，更把它们作为私有财产来保值收藏。根据近年的考古发现，以红山文化和良渚文化为代表的西辽河流域和长江下游环太湖流域，是我国新石器时代两大玉文化中心。那时的玉器制作工艺已经相当成熟，且种类繁多，按用途来分，包括礼器、神器、装饰品、工具等。

◎ 良渚文化 玉冠形器

商代的鼎器、簋器上常会出现凶神恶煞的雕饰，给人一种浑然肃穆之感。商代的玉器也同样如此，呈现出浑然朴拙的特点。

商代晚期的玉器有两种，一种是扁平的，呈弧形、环形，且大多数雕饰为动物，颇具动感。另一种是立体圆雕，大多是圆柱体或立方体，造型非常奇特。

以著名的商代妇好墓出土的玉人为例，它的形态是一个跪在地上的人，背上貌似插着一把利器。这个造型令人迷惑不解，背上的利器也有好几种说法，有人说是佩饰，也有人有说是巫师的法器。

◎ 商代妇好墓玉人

到了周代，一套完整且严格的礼玉制度形成了，并作为周代礼乐文化的重要分支被后世继承下来。当时，佩戴玉饰是贵族身份的象征，“君子无故，玉不去身”，礼玉制度规定了，由上而下哪些人可以使用哪种玉石佩饰。

玉还是礼仪和权力的象征，周王朝及其诸侯国一旦有祭祀婚丧等大型仪式，都会用到各种各样的玉。王朝与诸侯国以及诸侯国之间都要互相馈赠特定种类的玉，才合乎“礼”，否则就是失“礼”，严重的失“礼”行为甚至会引起军事冲突。

同时，周王在分封诸侯的时候，尤其牵扯到土地分封时，都会将玉作为信符，一同颁赐给受册封者。

不仅如此，周代是个崇礼尚德的时代，贵族们十分注重自身的品德修养。因此，作为身份象征的玉，同时又成了美德的象征。据《礼记·聘礼》记载，孔子把玉的品德归结为仁、义、礼、乐、忠、信、天、地、德、道，共十一种“德”，类似的说法还见于《管子》《荀子》等书，足以证明玉在周人心目中的地位之高了。

正因为如此，周人对玉的使用空前普遍，这种普遍不仅表现在用玉的数量上，也表现在用玉的人也空前增多——上至周王，下至普通士阶层，遍及全国。这种用玉的普遍化和生活化，使周代的玉配饰向简便化、小巧化发展。

在我国玉文化史上，周代是一个高峰，秦汉以后对玉器的重视程度，相比周代，并没有明显的加深，但在用玉的普及程度、制作工艺的精熟程度等方面则有很大发展。

当然，玉器的制作也由于各朝代不同的文化性格而呈现出不同的风貌，总体而言，呈现出生活化、世俗化的趋势。

以汉代为例，大汉四百年，是我国封建社会的第一个盛世。这个时代的玉器也具有大气磅礴、雄放壮烈的气势。图案装饰可以分为几何纹和动物纹两类，其中动物纹有龙纹、鸟兽纹等，图像比较抽象，比较难以辨认。同时，汉代不仅崇尚豪放，也注重吸收楚文化中清新浪漫的因素，因而在雕刻技法方面往往具有细腻圆润的一面，刻画的图案虽笔画简单，却能神韵具备，从而有"汉八刀"的说法。

唐代作为历史上最为开放的朝代，在玉器雕饰方面，新的样式不断涌现，出现了镂雕的雕刻方法。唐代也是道教和佛教盛行的朝代，因此在玉器雕饰中，多见飞天造型，其中人物和云纹都非常细致，且有立体感。另外，唐玉还多雕饰花卉图案，非常精细美观。

◎ 汉代玉含蝉

明清时期玉器走进平民时代，经过千百年的文化积淀，玉器融合了各时代的精华，又呈现出新时代的气象。明代玉器造型比较雄浑，但镂雕技术已经相当先进，能在平面的玉料上雕出两层不同图饰，俗称"花上压花"。

◎ 南北朝青瓷莲花尊

清代玉器更加强调生活气息,雕法更加精细,真正称得上是"精雕细琢",所雕图形都极其逼真,立体感非常强。同时,还出现了大量仿古纹饰,乾隆时期有个叫姚宗仁的玉工,他家世代都是治玉高手,仿古也仿得真假难辨。乾隆皇帝撰写的《玉杯记》中就介绍了姚氏的烤琥珀色伪沁工艺(一种玉器仿古制作方法)。文中讲姚宗仁曾制作过一件仿古玉杯,居然连乾隆皇帝都信以为真,可见姚氏仿古水平之高了。

葬玉制度是周代礼制的重要组成部分,也是我国玉文化的重要内容之一。那时人们普遍认为,玉本身的凉性能对尸体起到防腐的作用,《汉书·杨王孙传》中有:"**口含玉石,欲化不得,郁为枯腊**"的说法,说的就是人死之时在嘴里含上一块玉,死后便可以保持尸体不腐。晋代的葛洪在其代表作《抱朴子》中也有类似的说法:"**金玉在九窍,则死人为不朽**"。即把死人的九窍都用玉石堵住,便能保证尸体不会腐烂。

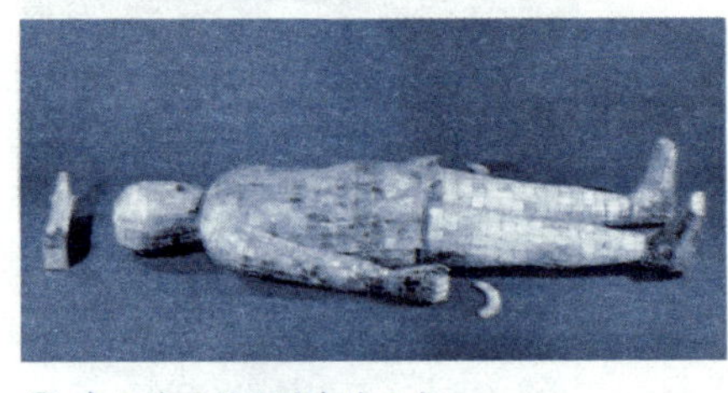
◎ 中山靖王刘胜的金缕玉衣

到了汉代,这种观念愈演愈烈,体现在殡葬方面最有代表性的是金缕玉衣的使用。金缕玉衣又叫"玉匣",用丝线将数千片玉片连缀而成。这些丝线按墓主人身份高低,可以为金丝、银丝、铜丝、蚕丝等。目前,我国已发现的最完整的金缕玉衣出土于中山靖王刘胜墓。

但是，由于玉衣制作工艺过于复杂，成本也极其昂贵，后来渐渐就不用了。

玉文化还有一个很重要的内容，那就是玉质印玺。在古代，印玺的材质甚至穿印玺的绶带的颜色，都体现着印玺所代表的权力大小，以及印玺主人的身份地位高低。其中，玉质印玺无疑是最高贵的，通常用作国玺。

其中最有名玉质印玺莫过于传国玉玺了。传说，传国玉玺是用和氏璧雕琢而成的，虽然体积不大，但蕴含的意义却非同寻常。它是我国第一个统一的封建王朝的创始人——秦始皇所用的玉玺，当时代表着“天命”。

自汉代以后，历代统治者都把传国玺视为天命的象征，似乎只有拥有了传国玺，才能证明他是真正的“真命天子”。可惜的是，传说这枚玉玺早在五代的时候就失落在战火中了。

后代的很多皇帝对此耿耿于怀，曾多次下令寻找。各级官吏为了讨主子欢心，也伪造了不少传国玉玺，因此闹出了不少笑话。倒是乾隆皇帝在这方面颇有气度，他说，“若论宝，无非秦玺，既真秦玺，亦何足贵”，只当作“玩好久器”罢了。

后来，随着玉器日渐生活化、世俗化，它的神性也渐渐退化，私人印章也可以用玉制作。

玉石根据质地的不同，还可以分成很多种。传统的玉石都是软玉，包括白玉、青玉、碧玉、黄玉、墨玉、粉玉、虎皮玉等。硬玉最主要就是翡翠。翡翠是什么时候出现的，还没有确实的资料做依据。因为乾隆皇帝之前，翡翠还是无名小卒，完全谈不上贵重。到了晚清，由于慈禧太后非常喜欢翡翠做的雕饰品，才在宫中掀起翡翠热，并很快影响到了民间。到现在，翡翠早已跻身名贵玉器品种之列。

清宫的“翡翠白菜”大概要算是最有名的翡翠玉器了。

玉匠利用玉根的白色，配上翡翠的青绿，巧妙地雕成一颗栩栩如生的白菜。关于它的来历有两种说法，有人说它是光绪帝的瑾妃的嫁妆，也有人说它是慈禧最心爱的物件。不过，这两种说法都只是传说而已。

◎ 我国台北"故宫博物院"收藏的翡翠白菜

还有一种非常名贵的玉叫和田玉，它出产于新疆和田地区，那里一直是古代宫廷用玉的主要产地。和田玉引进中原大约是汉代通西域之后的事，由于来之不易，材质又美，和田玉一直被视作最名贵的玉种之一。尤其在清代，清宫中的很多物件都是用和田玉来制作的。直到现在，收藏和田玉的"籽料"，仍是玉器收藏的一个很大的门类。

和田玉中最漂亮也最高贵的是羊脂玉。羊脂就是羊油，羊脂玉最大的特点就是色白油润。羊脂玉雕器都非常晶莹润泽，也特别的干净美观。

在我国，玉一直是代表祥瑞的吉祥物，也是品德高洁的象征，还带有"神性"。因此，就有"人养玉，玉养人"的说法，人们认为玉自身的灵气可以祛病辟邪，而长期浸染人气，又能增加玉的灵气。很多人喜欢佩戴玉器，甚至专门有人"盘玉"——就是拿玉在人皮肤上摩擦，让人体油脂浸润到玉里面，增加它的灵气。

第三节 巧剜明月染春水，妙削花梨退秋风
——陶瓷和家具收藏

陶瓷和家具是人们日常生活中的必需品。因此在我国，它们都深深地打上了中华文化的烙印。我国的陶瓷和家具在用料、形制等方面都是与众不同的，而这正是它们为众多藏家所钟爱的主要原因之一。

陶瓷收藏

陶瓷，作为我国古代一个独特的艺术类别，它一直是世界各国最为倾慕和向往的艺术品之一。“大写的 China 是中国，小写的 china 是陶瓷”，可以说，陶瓷无疑是外国人认识中国的一大标志物。

我国的制陶技术从原始社会便已开始，最初的陶器烧制温度较低，制作也较粗糙，主要用于日常生活用品。随着技艺不断精进，陶器逐渐变成一种工艺美术品，供古代的王公贵族及富庶世家观赏把玩。瓷器艺术的产生和发展，使陶瓷的工艺美术性越发凸显，其实用的一面却渐渐被忽略了。

瓷艺在唐代以后开始发扬光大，几乎历朝历代都有代表性作品问世。唐代的“唐三彩”、南方的越窑青瓷和北方的邢窑白瓷，是当时最为著名的品种。其后，在元代青花瓷大放异

彩，明清时期的瓷器则包罗万象，熔古铸今，各个品种都走向巅峰。

如此辉煌的艺术，必定伴随着艺术爱好者的追捧和收集，从官府到民间，陶瓷收藏之风愈演愈盛。

东汉和两晋时期，陶瓷收藏品还主要是一些精美的日常生活用具，并且多为达官贵人所拥有。这些陶器造型优美，富于想象，工艺精美，可用于观赏，也可用于生活。釉色大都为青（卵白）、黑色，也间有青绿、米黄等其他颜色。

唐代皇室收藏的瓷器一般来自进贡。朝廷每年会要求各地窑场选送一些特别精美的器品进贡，以供使用或赏玩。当时的窑场还没有官私之分，一般是“有令则烧，无令则止”。朝廷下达了命令，这些窑场上至窑主，下至工匠，必定全力以赴，不遗余力为皇室烧制出尽可能完美的器物，此时的烧制技艺也空前发达。唐代的皇室不但将这些精美的器物当作艺术品珍藏于内府，还将大量的秘色瓷、金银器等进献给佛陀，从侧面反映出唐朝佛教发展之盛。在山西扶风的法门寺地宫中，已经出土和未出土的稀世珍宝，也有力证明了当时陶瓷艺术的辉煌。

宋代开始，陶瓷收藏渐成规模，借助于宋代精湛的陶瓷艺术，陶瓷收藏史出现了第一个高峰。朝廷有意识地挑选各地窑场名匠，专门为宫廷烧制瓷器，这就是“官窑”的出现。这些窑场利用当时最为先进的技术，烧制出大量优等品，经过“千中选百，百里挑一”的严格筛选，将其中的绝妙之作送入宫廷。而那些落选的器物或流落民间，或就地砸碎深埋。宋朝的这种做法，使得很多制作精良之品从烧成之日起便成为藏品，进入内府藏室。

宋代最负盛名的五大名窑是：钧、汝、官、哥、定。当时皇帝赏赐臣属，达官贵人进献贡品，以及官商之家互赠礼物，都以这五大名窑出品的瓷器为荣。

宋代也是瓷器艺术空前受到追捧的时代。上至皇亲贵族，下至文人士大夫，都对收藏陶瓷津津乐道。有记载说，有一次宋仁宗临幸张贵妃，在她房间看见一个定州烧制的红瓷器品，大吃一惊。张贵妃明知仁宗有过明确警示，后宫不能私自与臣属来往，更不能私受贿赂，但这个瓷器非常精美，她非常想借此显示自己对艺术的热爱，从而讨好皇帝。没想到弄巧成拙，马屁没拍成，仁宗大怒，以欺君之罪怒斥贵妃，贵妃跪地求饶不止，最终仁宗将瓷瓶砸碎，以儆效尤。此事真假不论，对于我们管窥宋时人们收藏陶瓷的热情，还是有着一定参考意义的。

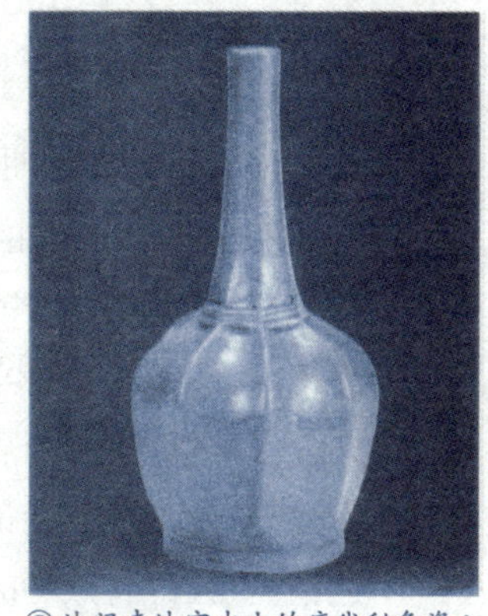

◎法门寺地宫出土的唐代秘色瓷八棱净水瓶

直到元以前，陶瓷都以素色为主，风格素雅，图案简单，有些甚至没有图案。而从元代开始，青花瓷异军突起，不仅在国内风靡，在国外也大放异彩。元朝政府在景德镇设置了专门负责窑场事务的机构“浮梁瓷局”。这个机构负责烧制各种艺术精良的瓷器，供元朝贵族赏玩享用。青花瓷辉煌了没多久，元朝便短命而亡。明代青花虽是

◎ 元 青花鱼藻纹大罐

接续元青花而来，但历经时间的积淀，也默默产生了变化。

明清时期官藏瓷器更为丰盛，两大朝廷都设置了御窑场，专为宫廷烧制瓷器。皇帝每年派遣督陶官前往各大窑场督管大小窑物，发展到后期，更是对所烧器物的数量、器形、纹饰等一一过问。明清时期的陶瓷收藏虽然受到市场的冲击，但仍然是以宫廷收藏为主。

当然，商品经济的活跃，必然会带动民间收藏市场的进一步扩大，私窑、民窑也蔚然成风。据记载，到嘉靖年间，景德镇的大小窑场，场主与雇工多达十万余人，烧制技术自不必说。当时的富商贵族，会请有名的民窑为其烧制各种器品，无不制艺精良，且都有藏者的印记。

隆庆年间有过短暂的开关政策，使得部分瓷器艺术品流传海外，引得世界为之震惊。海外贸易不仅让国内的陶瓷艺术弘扬海外，也将异域的特色带回国内，于是出现了大批以异域景象和外国文字为图案的器品，成为我国陶瓷史上一大特色。这些器品一旦被带到国外，立刻就会成为外国宫廷贵族争相收藏的对象。

至于普通的民间收藏，晚晴和民国时期总体上偏重明清的官窑器物。对于宋代器品只推崇五大名窑所制，尤其是汝窑烧制的精品。时代更远的唐代器物，除了唐三彩之外，就知之甚少了。光绪以前，经营官窑产物、仿制官窑产物都属于违禁行为，因此官窑之作很少流入民间。直到圆明园遭劫，在八国联军洗劫皇宫内藏之时，这些藏品才公之于世，部分流落海外，部分散入民间，还有的在劫难中香消玉殒。

如今，陶瓷收藏已成为最重要的收藏门类之一，活跃在各大拍卖和交易市场。

家具收藏

中国人向来注重家庭，置房、置地，还要置家具。家具的收藏事业，尽管比不上古籍、陶瓷的收藏，但在特定时期，也能成为收藏界的宠儿。

观览家具的历史，宋以前只有达官贵人才谈得上使用家具。尤其是坐具，唐代时人们仍以席地而坐的方式为主，真正意义上的椅子只是少量地在贵族家庭出现。宋以后士大夫文人地位有明显提高，商业的快速发展也使得商人阶层迅速崛起，处于社会中间阶层的人们开始有条件追求生存之外的各种享受。这个时候家具的使用范围向下层扩展，而椅子的广泛运用也终于促使古人将席地而坐的方式转变为垂足而坐。

明代是家具制造业的顶峰，不仅是因为各式家具的普遍使用，还因为明式家具的审美特质。明代后期开放海禁，一些国内少见的木材如紫檀、黄花梨等通过海外贸易的渠道进入国内家具市场。当时社会经济整体上是富足的，各地都有修建园林、大兴土木的需要，特别是有一些文人自负风雅，也参与到家具制造的设计中来，种种原因，使晚明时期的家具享誉海内外。

明式家具大多美观、大方、素雅，且造型洗练。而且从实用角度出发，造型设计通常都具有高度科学性，舒适、安全，同时又能给人以审美享受，实为科学与艺术的结合体。

清朝则沿袭明式家具之风，除细节设计上增添了更多创意外，主体还是仿照明式家具的风格特点。有趣的是，可能是生活所见太习以为常而致，国人并未意识到家具的价值所在。古典家具真正引起重视，还是从外国人开始的。

◎ 明 红木官帽圈

康熙朝开始陆续有传教士入境，他们看到明式家具时颇为珍爱，便多方购买运送回国，收藏陈设。因为具有与西方家具截然不同的风格特征，它们很快就受到了国外人士的追捧。据说，当时英国有一个叫齐彭代尔的设计师，他根据明式家具的设计原理，为英国王室设计了一套家具，轰动了整个欧洲。此后，中国的家具在国际上一直享有盛誉，价格也从未降低过。

真正意义上的家具收藏热，是从民国时期开始的，同样由外国人的热衷而引起。赵汝珍曾在《古玩指南》中说道："欧美人士之重视紫檀，较吾国尤甚，以为紫檀绝无大木，仅可为小巧器物。拿破仑墓前，有五寸长紫檀棺椁模型，参观者无不惊慕。及至西洋人来北京后，见有种种大式器物，始知紫檀之精华尽聚于北京，遂多方收买运送回国。现在欧美之紫檀器物，皆由北京运去者。"

外国人的热情不仅仅是收购收藏，他们同时也进行研究。有个叫艾克的德国人，常年在北京居住的他，花了很多的时间和精力研究明式家具，通过多年的搜集整理，最终著成《中国花梨家具图考》一书，这是外国人收藏中国古典家具的第一部专著。

我国最有影响力的家具研究者和收藏爱好者，则首推建筑学家梁思成。以他为首的中国营造学社曾对古典家具进行了非常详细深入的调查研究，为后来的家具收藏提供了系统的参考资料。此外，梁思成还有一个特别贡献，那就是将明代的花梨木定名为“黄花梨”，这个名称一直沿用至今。

收藏家具需要有一定的物质条件做基础，民国时期，多是富足之家才有收藏的能力。如著名文物学家朱家溍先生，他的父亲朱翼庵先生便是家具收藏爱好者。四十岁后，他开始多方搜集古典家具，经过多年努力，成果颇为丰厚。其中不乏明清时期珍贵的紫檀木、花梨木精品。

◎ 清 黄花梨博古架

家具收藏的第二个热潮出现在20世纪80年代。观其原因，从国内来说，由于“文革”后落实政策，大量物品回归主人，但通常都不再用于日常生活，而是流向市场。与第一次热潮相同的是，外国人的热情推崇和收购，仍然是家具收藏大热的最大推动力。旧物回归民间，境外爱好者不能错过这个千载难逢的时机，他们通过各种渠道不遗余力地收购明清高档家具，其中紫檀木和花梨木家具尤其受到推崇。

起初国内的家具收藏市场里，大都是为赚取外快而奔走的二手小贩，他们往往并不懂得古典家具的价值，因而常常贱卖了珍品。珍贵家具的走私流失，当然也刺激到国内一些收藏家，他们致力于对古典家具的研究，逐渐引起国内人士的重视。

这里不得不提的一位文物学家、收藏学家，是王世襄先生。抗战时期他曾是中国营造学社的成员之一，在梁思成带领下对家具进行的调查研究，使他对古典家具产生了浓厚的兴趣。20 世纪 60 年代他撰写的《中国古代家具——商至清前朝》一书，是其多年研究的第一阶段成果。80 年代，他又将几十年的研究进行整理，写成《明式家具珍赏》，由香港三联书店出版，引起学术界的轰动。这部书作为第一部介绍我国古典家具的大型图书，不仅对故宫、北京外贸公司、北京电影制片厂等官方收藏进行了详细介绍，还介绍了一部分民间珍品。据说只要是家具收藏者，几乎人手一本，可见此书的权威地位。因此，它引发了古典家具收藏抢购热的说法，也并不夸张。

当然，最令我们感叹的，还是外国人对中国古典家具艺术的热爱。由于文化背景的差异，他们对于家具的审美感受，跟我们是大不相同的。一位学者曾在文章中如是说："到几乎任何一位驻京的外国使者或者商人的住处，一眼就能看见被咱们当作破烂扔掉的旧家具，全在人家那儿当作宝贝供着呢。一个破箱子，包着铜片，并不是什么特好的木料，就是老，可能是爷爷辈或者更早的东西。呵，摆在客厅的正当中展览呢，上面放着几件小古玩，古色古香，既是一件实用价值的家具，又是一件艺术品，还是一个民俗展示。"

更令人感叹的是，世界上第一个中国古典家具博物馆建成于美国旧金山附近的文艺复兴小镇。其中收藏的中国家具都是 20 世纪 80 年代以后从各国搜集而来的，在那里都被视为稀世珍宝。

经过各方努力，1989 年中国古典家具研究会终于成立了。这是我国第一个家具收藏及学术研究团体。虽然它只是一个民间组织，但其中不乏著名的文物学家，如我们前面提到的朱家溍、王世襄等人。他们对古典家具的保护和收藏充满了热情，为我国家具收藏事业做出了巨大的贡献。

第四节 体像乾坤能使鬼，面敷玲珑可传情——钱币和邮票收藏

钱币和邮票是人们的日常生活用品，这方面的收藏并非针对的是它们的使用价值，而是它们的艺术价值和历史价值。钱币的收藏很早就有了，邮票收藏因邮票出现得较晚，而成为收藏界的“后起之秀”。

钱币收藏

私有制出现之后，最初以物易物的交易方式逐渐无法满足人们生产和生活需求，货币就应运而生了。货币自产生至今，曾以各种各样材质和形态存在。从材质来看，大略可以分为骨贝类货币、金属类货币和纸币三种。

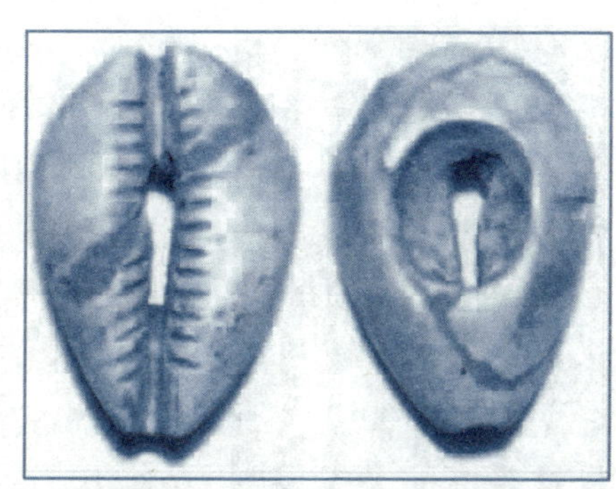

◎ 贝币

骨贝类货币出现的时间最早，以贝币最为常见。在我国，直到周代贝币还是主要的货币类型。制作贝币的材料顾名思义是贝壳，由于古代交通不发达，海贝在内地比较珍贵，所以用于制币的贝壳通常是海贝，而非淡水贝类。贝币以五枚为一串，两串为一“朋”。“朋”字就是按这种货币编穿形式而发明的象形文字。

◎ 布币

根据西周青铜器铭文记载来看，当时一朋贝的价值十分可观，周王赏赐功臣通常也不过数十朋而已。

后来，随着货币需求量的增大，海贝又不易进入内地，人们便开始用蚌、骨、石、陶等材料仿制海贝币，甚至还出现了铜质贝币——这就是金属货币的前身。

金属货币是我国古代货币的主体，这里所说的“金属”主要是铜，尤其是青铜。春秋战国时期是我国金属货币产生和发展的时期。那时候的货币从形状上分，主要有布币、刀币、蚁鼻钱和圜形币。

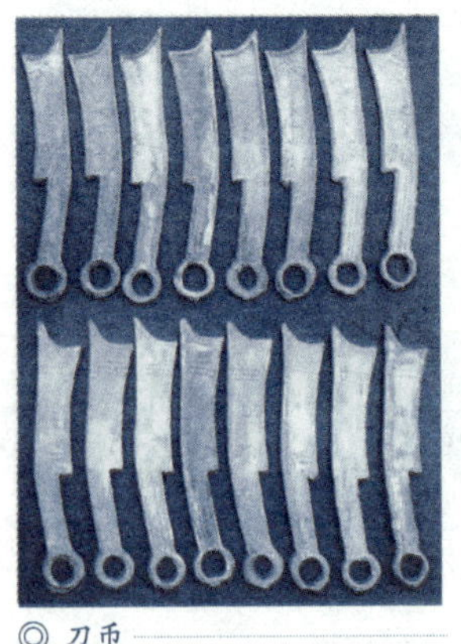
◎ 刀币

布币是从农具鎛演变而来的，因为形状像铲子，所以又叫铲币。这种货币主要在晋国和两周地区流行，如赵国的铲形币就是一种很有代表性的布币。

刀币形状似刀，由青铜削演变而来，刀柄有环，齐国的刀币最有代表性。

蚁鼻钱是一种仿制贝币，主要流行于楚地，因为形似鬼脸，所以又叫鬼脸钱。

圜形币顾名思义，就是币身为圜形，

或圆形方孔，或圆形圆孔。这种货币主要流行于秦国、魏国。范是铸造所用的模具，那时候的货币用范浇铸而成，成型之后需要用木条穿起铜钱，再拿锉刀将外缘的边角锉平。圆孔铜钱会在木条上滚动，而方孔钱不会，所以后来圆孔钱就逐渐被方孔钱取代了。

◎ 圆形圆孔钱

秦统一天下后，取消了布币、刀币和蚁鼻钱，将圆形方孔的“半两钱”作为唯一合法的货币。

秦代的币形币制为汉代所继承，当时最常用的钱是“五铢钱”。但是由于西汉早期很多诸侯甚至宠臣都享有私造钱币的权力，所以当时的币制比较紊乱，货币的种类也多种多样。最近出土的西汉大云山墓葬就发掘出大量不同于五铢钱的钱币，这证明了史料记载的可靠性。

◎ 半两钱

对当时社会来说币制混乱不是什么好事，但对后世的货币收藏者来说却很有意义。王莽新朝不过存在了十余年，却一连搞了四次钱币改革，而且每一次改革都铸造出非常精美的钱币，所以王莽被货币收藏家们称为“痴迷的钱币改革家”。

第一次改革时，他颁行了三种大钱，一种是方孔圆钱，钱上铸有“大泉五十”字样；一种是“契刀五百”，其形类似后来的钥匙，由刀环和刀身两部分组成，刀环就是一枚方孔圆钱，较为朴拙的刀身与之相连；第三种叫“一刀平五千”，也叫作

◎ 五铢钱

“金错刀”，形状与第二种相似，但更为厚重。

第二种和第三种钱币，其实带有弄虚作假的意味。特别是第三种，两枚“金错刀”可以兑换一斤黄金。然而这种兑换又不是平民能做的，王莽规定只能是他用金错刀来兑黄金，其他人就只能用黄金来换金错刀。显然这是他搜刮黄金的一种戏法，因而受到当时各阶层的反对。

◎ 王莽 金错刀

于是他进行了第二次钱币改革。这次改革动作较小，只将“契刀五百”和“金错刀”废除，铸造一些小的“小泉直一”充当实用货币。

紧接着王莽又推出了一整套货币制度，叫作“五物、六名、二十八品”，说到底就是一个主题——诈钱，最终还是为了以其规定的虚高价值来骗取黄金。

第四次改革时王莽又废除了“小泉直一”，铸造新的“货泉”和“货布”代替。这两种钱币的额度都比较小，容易被民间接受。这么一来，“大泉五十”便成为四次改革的中坚力量，一直在流通使用，因而也成为莽钱留存下来数量最多的币种。

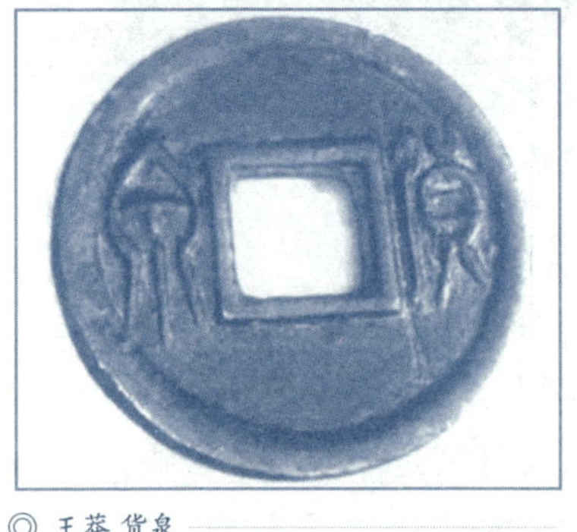
◎ 王莽 货泉

在古代诗词中，经常出现“金错刀”的字眼。比如东汉时期的张衡有“美人赠我金错刀，何以报之英琼瑶”的名句，杜甫也吟有

“金错囊徒罄，银壶酒易融”的诗句。可见金错刀虽然行世时间短，但却受到历代文人雅士的追捧赞美，原因就在于其铸造技艺的精湛以及钱币样式的美学价值。

唐代比较有名的货币是开元通宝，它是唐高祖四年(621年)开始铸造并行于世的，虽然它流传下来的数量较多，但仍是古钱币收藏中最重要的品种之一。

开元通宝非常精美，上面的文字由初唐书法家欧阳询题写。欧阳询擅长隶书，给钱币题上了所谓的“八分隶书”。这是我国钱币史上的一大转折，此前篆书一统钱文天下的局面被打破，之后通用隶体或楷体来题写钱文，而篆体反而成了特例。当然也有例外，如宋徽宗时发行的崇宁通宝和大观通宝上的文字，用的就是宋徽宗独创的瘦金体。

除了官方发行的“正统”货币外，还有一类货币叫作“造反钱”，它是指历史上起义军建立的政府所发行的货币。

◎ 开元通宝

较为有名的造反钱，最早有北宋初年川蜀地区的造反领袖李顺所铸“应运通宝”。应运是李顺小政权的年号，据说当年他要起义，有个和尚说他相貌有异，可以当上一百日的一方霸主。还有拆字先生给李顺算命，说他的“顺”字可以拆成“一百八日有西川”，同样是说他可以当一百天的川主。果然这个政权只维持到一百来天便结束了，应运通宝也成了极为罕见的钱币之一。

元末纷乱之时，起义政权林立，因此铸造的钱币虽名目繁多，数量却极少，传世更是稀有。明末有张献忠的“大顺通宝”和李自成的“永昌通宝”。其中永昌通宝现在较为常见，有小平钱和折五钱两种。

在钱币收藏市场上，“物以稀为贵”是衡量钱币价值的标准。因此，由官方铸造发行流通的钱币，很多因数量优势，流传下来较为多见，因而价值不高。而造反钱由起义军政权铸造发行，不仅数量少，发行和流通的范围也极小，因此便具有了较高的收藏价值。也正因如此，有人为了牟利，伪造了不少造反钱，给货币鉴别造成了一定难度。

纸市是我国货币收藏的后起之秀，它出现于北宋时的四川地区，名叫“交子”。可惜宋代纸币并没有流传下来，只有一块印钞铜版存世，现藏于日本。现在能看到的我国最早的纸币是元代的中统钞，存世数量也不多。

明代至清代早期朝廷对纸币的印制比较谨慎，金属货币仍然是货币的主体。清咸丰三年（1853），太平天国起义爆发，清政府为弥补浩大的军费开支，发行了一批户部官票和大清宝钞，二者合称“钞票”。这种对纸币的称呼一直沿用至今。

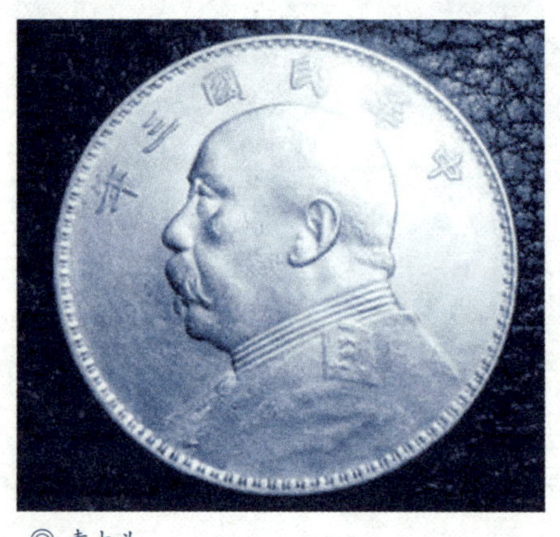

◎ 袁大头

民国时发行的纸币数量很多，尤其是国民政府统治时期，由于通货膨胀，发行的纸币数量越来越多，面值越来越大，收藏者很容易得到。尽管如此，它们还是有一定的收藏价值的。

古代还有一些其他材料制作的货币，如皮币、银锭等。尤其是白银货币，尽管明代时已经广泛使用，但它始终没能代替铜钱，占据货币的主导地位。到了清末和民国的时候，银币才开始大行其道，最有名的就是光绪银币和“袁大头”。

新中国成立后，发行的货币以纸币居多，辅以镍、铜等金属制作的硬币。目前我国共发行了五套人民币，它们见证了共和国发展壮大的历程，前四套已成为货币收藏中的抢手货。

邮票收藏

1840 年的英国，有一位教师叫罗兰・希尔。一天在散步途中，他看到奇怪的一幕。一个邮差将信件递交到一个姑娘的手中，可姑娘看了一眼就将信退回了，拒绝签收。他感到迷惑不解，便问起拒收的原因。姑娘告诉他说，因为付不起邮费，所以她跟寄信人约好了，在信上做个暗号，只要看到暗号便知道对方平安，而她就可以拒收信件，从而省去一笔邮费。

这件事给罗兰・希尔很大的触动。当时英国邮费还是由收信人来支付，而且比较高昂，普通人的确很难负担。然而拒收的办法，对于邮差来说也不公平，毕竟送信是花费时间和精力的。经过深思，罗兰・希尔决定上书，提议改革邮政制度，将收信人付费的惯例打破，改由寄信人支付。同时为了证明寄信人已付费，还要贴上邮票作为凭证。

政府接受了他的建议，他也因此开始担任邮政大臣，领头设计邮票。1840 年 5 月 6 日，世界上第一枚邮票发行。这枚邮票底色呈黑色，上印维多利亚女王头像，面值为一便士，因此又被称为“黑便士邮票”。

◎ 黑便士邮票

此后，世界各国相继发行邮票，并不断有新鲜邮票样式出现，给邮票爱好者带来了无限的乐趣。比如在加拿大，1851 年发行了面值三便士的正菱形邮票，第一次打破了此前邮票都为长方形的惯例。随之，在非洲的好望角，第一次发行了三角形的邮票；在墨西哥，第一次发行了椭圆形邮票；土耳其更为奇异，发行了八角形邮票。这些形状特异的邮票被爱好者们称为异形邮票，它们给邮票收藏者带来了新鲜趣味。

我国历史上第一枚邮票是 1878 年 1 月由晚清政府发行的大龙邮票。这套邮票有多种颜色和面值，正中图案都是一条五爪金龙，因而集邮者们称它为“海关大龙”。

◎ 海关大龙

1912 年，一套纪念辛亥革命的主题邮票正式发行，画面图案为孙中山头像，通称“光复纪念邮票”，这也是我国第一套票面上印有“邮票”二字的邮票。

新中国成立后，1949 年 10 月 8 日发行了“庆祝中国人民政治协商会议第一届全体会议”纪念邮票，这也是中华人民共和国的第一套邮票。

之后经过多年发展，邮票的印刷和防伪技术都在不断提高。2002年，我国首发了一款带香味的邮票，作为个性化服务之用。邮票的主图是盛开的鲜花，它的特别之处在于，只要轻轻用手指摩挲表面，就会散发出百合花的香味。

时至今日，世界各国发行的邮票已不计其数。随着科技的发展和人类生活的日益丰富，邮票的种类也越来越多，仅从用途就可以分为纪念邮票、普通邮票、特种邮票、航空邮票、军用邮票等，种类繁多的外形版式更是令人眼花缭乱。

邮票开始仅作为一种邮资凭证而被人们使用，后来才逐渐被人们用来纪念、宣传等。一般说来，一个国家所发行的邮票的图案，往往是这个国家最具代表性的风景名胜、动植物、伟人名人、风俗礼仪等，它们在一定程度上体现了发行国的形象，因此邮票又被称为“国家名片”。

邮票因其蕴含的纪念意义、宣传意义和精美设计而备受人们的青睐。于是，作为收藏家族的新兴成员——集邮便逐渐发展起来了。

很多集邮爱好者把集邮当作一种投资，邮票的面值一般比较低廉，尤其是当年发行的，一整套下来也花不了几十块钱，是收藏物品中成本最低的。然而它又具有相当高的升值率，一般在20%～30%，有的年代一久，价值就成倍递增。

导致邮票价格迅速暴涨的原因，首先就是收藏者的追捧。如上世纪70年代到90年代初发行的一系列编号邮票，一共二十一套九十五枚，这些邮票在设计上展示了新时期的开放气象，包括体育、绘画、文物等艺术主题。最明显的特色是它采用的编号制，可谓“前无古人，后无来者”，是我国邮票史上的一个独特现象。于是，有人便以此故意炒作，使它价格猛升。这套总面值仅九元多的邮票，在收藏市场上价格最高时曾一度达到上万元，不过，热潮冷却下来后，价格便一直稳定在四五千元左右，最近降至三千多。

邮票最吸引人是多种多样的版式和图案。以最为常见的我国20世纪八九十年代发行的民居系列普通邮票为例。这套邮票共分四组二十一枚，每枚邮票印有一种民居图案。从价格上说，这套邮票全套集齐仅几十元。然而从民俗价值上看，其意义和价值却远大于其经济价值。而且，有的集邮爱好者别出心裁，特意收集邮票图案所在地寄出的实寄封，这样收集起来就有了一定难度，当然收集的乐趣也就更大了。

此外，尽管邮票产生的历史并不算久远，但很多邮票内含的历史价值却不容小觑。1938年，是美国制宪行宪一百五十周年，同时也是我国抗日战争的第二年。国民政府为了争取有利的国际环境，加强与美国的联系交往，进而获得美国的援助，决定发行一套“美国开国百五十年纪念邮票”。

◎ 美国开国百五十年邮票

由于是中美联合制作发行，为了体现中美友好的主题，所以设计者起初打算用中美两国地图作为主图背景，然后在两端分别加上蒋介石和罗斯福总统互打电话庆祝的图样。

但按照美方惯例，在世总统的肖像是不能印到邮票上去的。于是，换成了华盛顿和孙中山的头像。最后，后一种方案也被撤销，改由中美两国国旗来代替，而图片的背景也终定为中国地图。

由于印制时间仓促、发行量又大，中国的印刷厂难以完成任务。后来，国民政府不得不委托美国的一家印刷厂代为印刷。后来又因为印制的中国地图缺少海南岛，又不得不销毁重印。

因为这套邮票的中国地图包括东三省，隐含反对日本侵略之意，一经问世，便受到广大爱国人士的关注。人们被那股凝固在邮票中的爱国热情而感动，争相购买，目前这套邮票还有不少存世。

尽管相比起金石书画、竹木牙角等传统收藏，邮票收藏的历史还很短暂，但其中的学问却不小。仅是邮票收藏价值的判断，就需要集邮者对邮票的图案、铭记、面值、志号，甚至齿孔、水印、背胶、纸质等方面有深入的了解；其他如邮票的保管、各国邮票发行历史等方面的知识，更需要集邮爱好者下大功夫去研究。

参考书目

1. 杜泽逊著:《文献学概要》,中华书局,2001 年。
2. 杨仕、岳南著:《风雪定陵:地下玄宫洞开之谜》,解放军文艺出版社,1991 年。
3. 梁志伟著:《收藏门》, 上海辞书出版社,2010 年。
4. 吴少华著:《海派收藏》,文汇出版社,2010 年。
5. 华人收藏家大会组委会编著:《名家谈收藏》,东方出版中心,2009 年。
6. 马未都著:《马未都说收藏》,中华书局,2009 年。
7. 蓝翔著:《收藏史》,上海文艺出版社,2008 年。
8. 郑为著:《闲情拾趣:古陶瓷收藏与欣赏》,上海人民出版社,2008 年。
9. 欣弘著:《百姓收藏图鉴》,湖南美术出版社,2007 年。
10. 安久亮著:《民间收藏与收藏文化》,燕山出版社,1994。